deutsch.punkt 2

Arbeitsheft für die 6. Klasse

Erarbeitet von
Jutta Biesemann
Helen Göckritz
Kristin Locker
Vilma Rabe
Christa Schürmann

Ernst Klett Verlag
Stuttgart · Leipzig

6 Der Wandel der Jahreszeiten
Gedichte verstehen, vortragen und szenisch umsetzen

7 Haus der Kunst
Rechtschreibfähigkeiten aufbauen

8 Rätselhafte Ferien
Nachdenken über Sprache

KA Klassenarbeiten

Anhang

Alle Jahre wieder – der Vorlesewettbewerb

1 Ergänze die Aussagen in den Sprechblasen. Die Lösungswörter stehen verschlüsselt darunter.

Jedes Jahr wird für den Vorlesewettbewerb ein anschauliches ________ entworfen, damit jede Schülerin und jeder Schüler Bescheid weiß.

Seinen Text sollte man nicht auswendig lernen. Es geht darum, ihn ________ vorzulesen und den Zuhörern die Stimmung zu vermitteln.

Du musst eine ________ aussuchen, für die du ungefähr drei Minuten zum Vorlesen brauchst.

Leider darf ich meine selbst geschriebene ________ nicht vortragen.

Es muss ein reiner Lesetext sein. ________ sind wegen der vielen Bilder nicht erlaubt.

Dann hilft nur noch ________.

Wenn du als Schulsieger in die nächste ________ kommst, dann gehst du wieder auf Büchersuche.

Um die Zuhörer zu fesseln, sollte die Textstelle spannend oder ________ sein.

Natürlich solltest du das Buch vollständig gelesen haben, weil man es am ________ kurz vorstellt.

XESTETTELL | ESCHTIGECH | ÜLFGISS | NANGAF | SUGLIT

MICCOS | KAPALT | BENÜ | DURNE

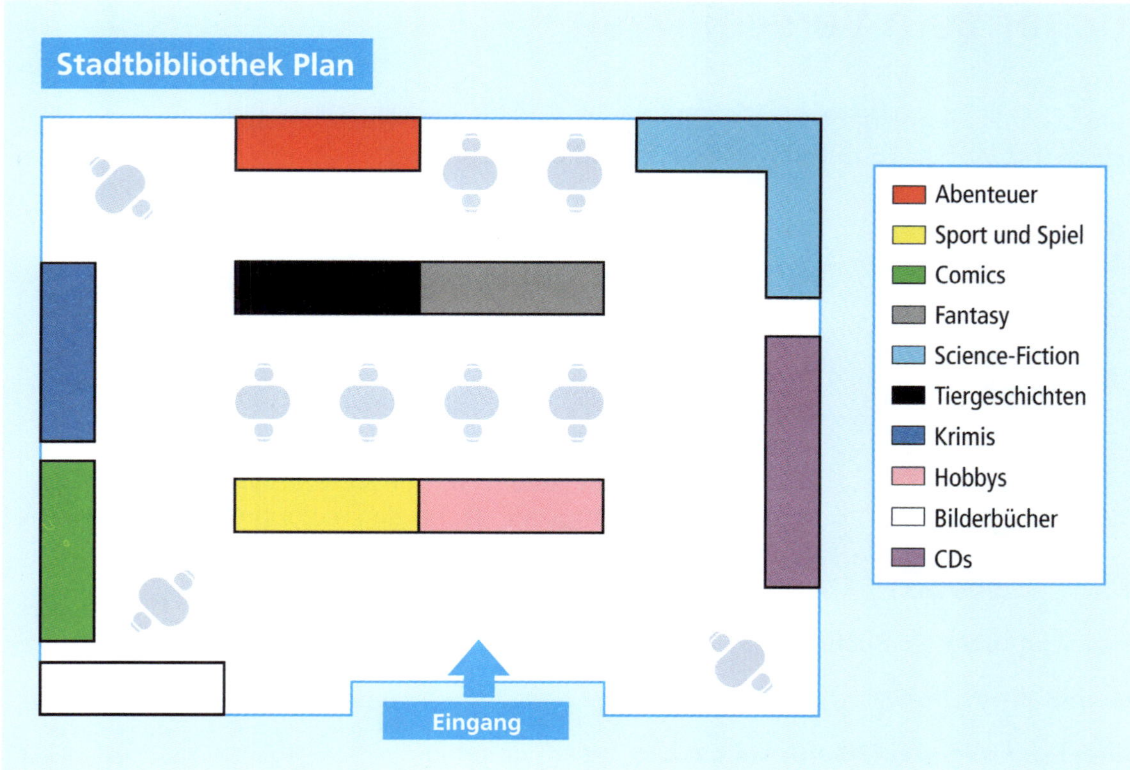

2 Sieh dir den Plan der Bibliothek genau an. Kreuze dann die richtigen Aussagen an.

→ Merke 33

- ☐ Ich suche mir ein Buch aus dem Regal ganz hinten in der Ecke aus, denn ich liebe Science-Fiction.
- ☐ Mein Lieblingsbuch werde ich bestimmt neben dem schwarzen Regal finden. Fantasy-Romane sind meine Favoriten.
- ☐ Ich würde gern eine Tiergeschichte vorlesen. Deshalb muss ich zu dem Regal, das schwarz markiert ist.
- ☐ Die Bücher im Regal neben den Bilderbüchern interessieren mich. Aber aus ihnen darf man beim Wettbewerb leider nicht vorlesen.
- ☐ Im Eckregal an der rechten Wand stehen meine geliebten Krimis.
- ☐ Zu den Abenteuerbüchern komme ich am schnellsten. Sie stehen gleich am Eingang.

3 Verbessere die falschen Aussagen aus Aufgabe 2, so dass sie richtig sind.

____

____

____

KRI ist z. B. die Abkürzung für **Kri**mis. STE ist z. B. die Abkürzung für den Autor **Ste**in.

4 Markiere im Bibliotheksplan die drei Regale, in denen die folgenden Bücher stehen können.

KRI 12 STE 2	ABE 9 DRA 4	SCI 18 COL 5

Bücher zum Verschlingen

1 Larissa und Marek haben in der Bibliothek verschiedene Buchumschläge untersucht. Ergänze ihre Aussagen mithilfe der Cover und Klappentexte.

Sabine Ludwig

Hilfe, ich hab meine Lehrerin geschrumpft

Klappentext

Wer wird Felix jemals glauben, dass er die von allen gehasste Mathelehrerin auf die Größe von 15,3 Zentimeter geschrumpft hat? Er weiß ja selbst nicht, wie das passieren konnte. Aber das Problem hat er jetzt am Hals, genauer gesagt in der Jackentasche. Denn da steckt sie nun, die Lehrerin. Wie kann Felix sie nur wieder groß bekommen?

Larissa sagt über ihr Buch: *Dieses Buch ist beim ____________ Verlag erschienen, und die Autorin ____________ ____________ hat ihm den Titel „Hilfe, ich habe meine Lehrerin geschrumpft" gegeben.*

Ich glaube, das Buch ist genau richtig für mich, weil ich gerne ____________ Geschichten lese. Im Klappentext steht, dass die Mathelehrerin ____________ ist und jetzt sogar in die Jackentasche der Hauptfigur ____________ passt. Da bekomme ich gleich Lust zu lesen!

Kate DiCamillo

Winn-Dixie

Klappentext

Eines Tages geht die 10-jährige India Opal Buloni in den Supermarkt, um eine Packung Makkaroni zu kaufen, und kommt mit einem Hund zurück. Winn-Dixie nennt sie den Streuner. Der ist zwar keine Schönheit, sondern groß, dünn und riecht etwas streng – aber er lächelt! Und dieses Lächeln verändert Opals Welt …

Marek sagt über sein Buch: *Der Klappentext des Buches hat mich neugierig gemacht, weil die Hauptfigur ein ____________ ist. Er läuft dem Mädchen Opal zu und wird von ihr ____________ genannt. Das Mädchen ist ____________ Jahre alt.*

Ich bin gespannt, welche Abenteuer der etwas streng ____________ Hund und Opal erleben. Die Autorin ____________ ____________ hatte mit dem lächelnden Hund einen sehr schönen Einfall.

2 Jannis möchte einen Ausschnitt aus „Paul Vier und die Schröders" vorlesen. Überprüfe mithilfe der Checkliste, ob der Ausschnitt geeignet ist.

Andreas Steinhöfel

Paul Vier und die Schröders

[…] Nach dem zweiten Klingeln erklangen Schritte im Haus und Erasmus öffnete die Tür. Er schaute erstaunt zu mir auf und wirkte noch kleiner als sonst. Ich frage mich, ob er den weißen Kittel auch trug, wenn er ins Bett ging. Winston war um seinen Hals gewickelt, wie ein zu lang geratener Schal.
„Darf ich reinkommen?" Er trat wortlos einen Schritt zurück und ich quetschte mich an ihm vorbei in die Diele. Winstons Kopf folgte jeder meiner Bewegungen – als ob ich nicht schon nervös genug gewesen wäre.
Erasmus schloss die Tür und lehnte sich abwartend mit dem Rücken dagegen. Er kraulte die Schlange beruhigend am Kinn […]

Der Textausschnitt …	☺	😐	☹
ist verständlich.			
weckt die Neugier der Zuhörer für das Buch.			
kann in 3 bis 5 Minuten gelesen werden.			

3 Begründe deine Einschätzung in Aufgabe 2.

4 EXTRA Bereite den Textausschnitt „Paul Vier und die Schröders" für das gestaltende Vortragen vor.
- Unterstreiche wichtige Wörter.
- Überlege, welche Stimmung du beim Lesen vermitteln möchtest. Notiere dir dazu Stichwörter am Rand des Textes.
- Übe das laute und betonte Vorlesen der Textstelle. Setze dabei bewusst Pausen, betone wichtige Wörter oder Satzteile und beachte die Satzzeichen (senke die Stimme bei einem Punkt, hebe sie bei einem Fragezeichen …).

Bitte der Reihe nach!

Beachte auch die Satzanfänge. Sie helfen dir, die richtige Reihenfolge zu finden.

1 Leyla stellt das Buch „Der Schrei des Löwen“ von Ortwin Ramadan vor. Bringe die Sätze in die richtige Reihenfolge, indem du sie nummerierst.

- [ ] Sie machen sich also auf den Weg und besteigen ein Flüchtlingsboot nach Italien.
- *1* „Der Schrei des Löwen“ wurde von Ortwin Ramadan geschrieben und ist beim Carlsen Verlag erschienen.
- [ ] Dabei fällt Yoba in einer gefährlichen Situation viel Geld in die Hände.
- [ ] Dieses Buch hat mich sehr berührt, weil so genau beschrieben wird, wie Straßenkinder in Afrika leben.
- [ ] Um auf der Straße zu überleben, übernimmt der Ältere manchmal Jobs für einen Gangsterboss.
- [ ] Es handelt davon, wie sich zwei Waisenjungen ganz allein in der nigerianischen Stadt Aba durchschlagen müssen.
- [ ] Die beiden Hauptfiguren sind der 16-jährige Yoba und sein kleiner Bruder Chioke, der 12 Jahre alt ist.
- [ ] Mit dem Geld wollen die Brüder ein besseres Leben in Europa beginnen.

Achte auf die Reihenfolge einer Buchvorstellung.

2 Hier sind zwei Buchvorstellungen durcheinandergeraten. Sortiere sie, indem du die Sätze zum „Schatz auf Pagensand“ blau und die zu „Norbert Nobody“ rot unterstreichst.

Ich stelle euch ein Abenteuerbuch von Uwe Timm vor. Es ist sehr spannend und trägt den Namen „Der Schatz auf Pagensand“. Das Buch ist bei dtv erschienen. Von Nicky Singer stammt das Buch „Norbert Nobody oder Das Versprechen“ und wurde bei dtv veröffentlicht. Mich hat die Geschichte sofort gefesselt, weil aus einem ängstlichen Jungen ein mutiger wird. Aus der Sicht der 11-jährigen Jutta wird erzählt, wie sie und ihre drei Freunde ein altes Boot seetüchtig machen und mit ihm auf Schatzsuche fahren. Das Buch handelt von dem schüchternen Robert Nobel, der für alle nur ein Außenseiter ist. Bei einem Sturm ertrinken sie fast und stranden schließlich auf einer Elbinsel. Jonathan macht ihn besonders oft fertig und nennt ihn abwertend Norbert Nobody. Jutta und ihre drei Freunde haben sehr unterschiedliche Fähigkeiten. Jan ist ganz mutig, Benno hat ausgefallene Ideen und Georg ist ganz praktisch veranlagt. Doch dann tritt eine Änderung in Roberts Leben ein. Bei einem Schulprojekt im Altenheim trifft er die alte Edith Sorrel. Sie nimmt ihm das Versprechen ab, zu einem alten Haus zu gehen. Weil sie zusammenhalten, können sie die Gefahren überleben. Der Junge will der alten Frau helfen und beweist, dass er gar nicht so ein Feigling ist, wie alle dachten.

3 Lies Carlos Buchvorstellung. Kreuze dann die passenden Aussagen an.

Ich möchte euch jetzt mein Lieblingsbuch vorstellen. Achim ist die Hauptperson, die in einer Fantasiewelt Abenteuer bestehen muss. So kann er den verstorbenen Sohn seiner Adoptiveltern erlösen. Der Ausgangspunkt seiner Reise ist ein rundes Zimmer, das Adoptivzimmer. So heißt auch das Buch. Hier trifft er den verstorbenen Arnim. Antonia Michaelis hat das Buch geschrieben. Die Autorin erzählt, wie die beiden Jungen mithilfe der Bilder, die im Adoptivzimmer hängen, die Welt von Arnim betreten.

- [ ] Die Reihenfolge ist in Ordnung.
- [ ] Autor und Titel werden genannt.
- [ ] Die Zusammenfassung des Buchinhalts ist verständlich.
- [ ] Hauptpersonen und Orte werden vorgestellt.
- [ ] Die Auswahl des Buches wird begründet.

4 Maria hat ihr Lieblingsbuch vorgestellt. Mithilfe der Checkliste haben ihre Mitschüler den Vortrag beurteilt. Formuliere damit ein vollständiges Feedback für Maria.

Checkliste für Maria	☺	😐	☹
Liest fehlerfrei und flüssig!	×		
Setzt bewusst Pausen!		×	
Beachtet die Satzzeichen!			×
Betont wichtige Wörter oder Satzteile!	×		

Besonders gefallen hat mir, dass ______________________________

____

____

____

____

____

Hereinspaziert in die Bücherwelt!

1 Ergänze die Angaben über das Buch mit den Infomationen, die du dem Klappentext entnehmen kannst.

Jonathan Stroud

Die Eisfestung

Klappentext

„Würdet ihr da nicht gerne rein?", fragte Marcus.
„Klar doch", sagte Emily. „Nur dass alles abgesperrt ist."
„Haben wir dir ja schon gesagt", fügte Simon hinzu. „Folgt mir."
Drei Teenager dringen in eine verlassene, schneebedeckte Burg ein – nur zum Spaß. Doch was als harmloses Abenteuer beginnt, verwandelt sich unaufhaltsam in eine Belagerung, aus der es kein Zurück gibt.

Titel: ____________________

Autor: ____________________

Hauptperson: ____________________

Handlungsort: ____________________

Inhalt/Handlungsverlauf: ____________________

____

____

____

____

Sieh dir die Merkmale für einen guten Vorlesetext im Schülerbuch auf Seite 19 an.

2 Entscheide, welche der folgenden Textstellen aus „Die Eisfestung" sich besser zum Vorlesen eignet. Begründe deine Entscheidung.

Textausschnitt 1

Sie stand bis zu den Knien in einer niedrigen Schneeverwehung, die sich an der Hecke gebildet hatte. Rechts in der Ferne flog ein Schwarm Vögel in den grauen Himmel über dem Wald hoch. Die Hecke hob sich als unregelmäßiger schwarzer Strich von dem Weiß ab. Der Schnee hatte alles geglättet, nur ein dunkler Schatten weiter vorne ließ erkennen, dass dort die Biegung des Burggrabens sein musste. Auf der gegenüberliegenden Seite des Grabens erhoben sich Reste eingestürzter Mauern.

Textausschnitt 2

Wie durch regennasse Scheiben sah sie die Angreifer auf dem Grund des Wassergrabens stehen, nicht weit weg von ihr. Noch mehr Schneebälle sausten durch die Luft, einer traf ihren Brustkorb, ein anderer ihren Magen. Sie bückte sich nach dem Seil, drehte sich um und begann, durch den tiefen Schnee davonzustapfen. Sie rutschte aus, wäre fast hingefallen, richtete sich wieder auf – und dann bekam sie einen fürchterlichen Schlag auf den Hinterkopf, dass es ihre Mütze herunterriss, Eisstückchen prasselten herab, und sie spürte, dass sie jetzt gleich losheulen würde.

Ich denke, dass sich Textausschnitt ______ besser zum Vorlesen eignet, weil

____

____

____

____

____

____

____

____

3 Bringe die Sätze der Buchvorstellung zu „Schimmer“ von Ingrid Law in eine sinnvolle Reihenfolge, indem du sie nummerierst.

	Um die Küstenorte vor seinen Hurrikans zu bewahren, zog die Familie in ein wenig bewohntes Gebiet im Grenzbereich von Nebraska und Kansas.
1	Mein Buch heißt „Schimmer“ und ist das erste, das Ingrid Law veröffentlicht hat.
	Kurz vor Mibs' 13. Geburtstag wird ihr Vater bei einem Autounfall schwer verletzt.
	Sie weiß, dass sie an ihrem Geburtstag eine außergewöhnliche Fähigkeit, einen „Schimmer“ erhalten wird, so wie alle ihre Familienmitglieder.
	Weil das Mädchen hofft, dass sie ihrem Vater mit ihrem „Schimmer“ helfen kann, macht sie sich auf eine ereignisreiche Reise zu ihm.
	Das Buch ist voll von überraschenden Ideen und es macht viel Spaß, es zu lesen.
	Ihr Bruder Fish zum Beispiel konnte ab diesem Zeitpunkt Stürme entfachen.
	Die Hauptperson ist Mibs und sie wird bald 13 Jahre alt.

4 Worauf solltest du beim Vorlesen achten? Ergänze den Lückentext zu einem gelungenen Vortrag.

Wenn ich eine Stelle aus einem Buch vortragen soll, übe ich so lange, bis ich die Textstelle ______________ und ______________ vorlesen kann.
Damit die Zuhörer den Text gut verstehen können, muss ich ______________ und ______________ lesen und am Satzende oder bei Gedankenstrichen die ______________ einhalten.
Ich achte darauf, ____________________________ passend zu betonen.
Dabei haben Satzzeichen wie das ______________________ oder der ______________ eine wichtige Funktion – dann muss ich nämlich die Stimme ______________ oder ______________.

2

Mein Ring ist weg!

Saskia aus der Klasse 6a hat während der letzten Sportstunde ihren Ring verloren. Aufgeregt erzählt sie ihrer Mutter, wie es dazu kam.

Mein Ring ist weg! Tante Frieda hat ihn mir geschenkt. So ein Mist! Ich schaute noch in die Hosentasche, aber da war er nicht mehr. Wir hatten Sport und ich glaube, meine Hosentasche hat ein Loch. Ohne die doofe Sportstunde wäre das nie passiert! Julia hat während des Zirkeltrainings noch ein Klirren gehört. Der Ring ist auch eigentlich zu groß. In der Turnhalle haben wir auf jeden Fall alles abgesucht. Und er hat immer so schön geglitzert. Ich wollte mich mal richtig schick machen.

→ Merke 34

1 Streiche im folgenden Text jeweils das durch, was nicht auf einen Bericht zutrifft.

In einem Bericht gibt der Berichtende ein abgeschlossenes Ereignis/künftiges Geschehen so spannend und persönlich/sachlich und wertfrei wie möglich wieder. Die Zuhörer oder Leser werden über wesentliche Sachverhalte/alle Einzelheiten belehrt/informiert.

2 Saskias Darstellung ist kein Bericht. Gib zwei Gründe dafür an und stütze sie mit einem Beispiel.

1. ______________________________

____

Beispiel: ______________________________

____

2. ______________________________

____

Beispiel: ______________________________

____

3 Beantworte mithilfe des Bildes und Saskias Erzählung die W-Fragen.

- **Einleitung**

Wer? ______________________________

Wann? ______________________________

Wo? ______________________________

- **Hauptteil**

Warum? ______________________________

____

Wie? ______________________________

____

- **Schluss**

Welche Folgen? ______________________________

____

4 Saskias Freundin Julia hat einen Bericht verfasst. Setze die fehlenden Adverbialbestimmungen in die Lücken ein.

Am Montag, den 23.09.2013 | Gegen 11 Uhr | In der ersten Hälfte der Sportstunde | Noch vor Unterrichtsbeginn | Nach der Sportstunde | in der großen Turnhalle | in der Turnhalle | von 9.45 bis 11.15 Uhr | in der Umkleide | in die Hosentasche

Am Montag, den 23.09.2013 hatten wir ______________________________ Sportunterricht ______________________________.

______________________________ bemerkte meine Freundin Saskia, dass sie ihren Ring verloren hat. ______________________________ sah ich, wie Saskia ______________________________ ihren Ring vom Finger nahm und ihn ______________________________ steckte.

______________________________ hatten wir Zirkeltraining. Während Saskia über einen Bock sprang, hörte ich ein leises Klirren, doch ich dachte mir nichts dabei. ______________________________ stellte Saskia dann fest, dass ihr Ring nicht mehr da war. Dabei fiel ihr auf, dass ihre Hosentasche ein Loch hat, durch das der Ring gefallen sein muss.

Wir suchten den Ring daraufhin gemeinsam ______________________________, aber wir konnten ihn nicht finden.

Eine Klassenfahrt

1 Patrick hat mit seiner Schule eine Klassenfahrt nach Norderney unternommen. Das Schülerzeitungsteam bittet ihn, einen Bericht zu schreiben. Lies Patricks Bericht. Beurteile ihn dann.

Unsere Klassenfahrt

Wir haben vom 15. bis zum 19. eine Klassenfahrt nach Norderney gemacht. Ich hatte gar keine Lust und wollte erst nicht mitfahren. Da fragte meine ältere Schwester mich: „Wann bist du denn endlich weg?". Da fiel es mir wieder ein – ich habe gleich angefangen meinen Koffer zu packen. Was man am Meer alles braucht! Unsere Klassenlehrerin Frau Bergmann meinte dazu: „Denkt an das Zwiebelprinzip. Wenn euch warm ist, könnt ihr ja eine Jacke ausziehen." Die Busfahrt hat echt lange gedauert und wir hatten noch nicht einmal einen Fernseher im Bus. Aber Norderney gefiel mir echt super. Kilometerlange Strände – und unser Landschulheim war nicht weit vom Strand entfernt. Wir haben sogar eine megalange Bootsfahrt zu den Seehundbänken gemacht und so ein Dingsmuseum besucht. Für den letzten Tag hatten wir eine Abschiedsparty geplant. Ich dachte: „Schade, dass wir nicht noch ein bisschen bleiben können!" Ach ja, die Fahrt war übrigens im April.

Patricks Bericht ist …

☐ informativ ☐ einigermaßen informativ ☐ nicht so informativ

2 Lea ist im Schülerzeitungsteam. Sie nimmt Patricks Bericht und schreibt ihn für die Schülerzeitung ganz neu. Lies Leas Bericht. Beurteile ihn anschließend.

Im April fuhr unsere Klasse auf Klassenfahrt ins Landschulheim nach Norderney. Unsere Klassenlehrerin Frau Bergmann hat uns Tipps gegeben, was wir mitnehmen sollten. Nach einer vierstündigen Busfahrt und einer halbstündigen Überfahrt mit der Fähre, erreichten wir Norderney. Unser Landschulheim war sehr schön. Die Klasse unternahm eine Bootsfahrt und besuchte ein Naturkundemuseum. Am letzten Abend veranstalteten wir eine Abschiedsparty. Das war megacool. Wir wären gern noch länger geblieben.

Leas Bericht ist …

☐ informativ ☐ einigermaßen informativ ☐ nicht so informativ

3 Vergleiche Patricks Bericht mit dem von Lea. Fülle dazu die Tabelle aus.

→ Merke 35

Checkliste: Aufbau und Form eines Berichts

Merkmale eines Berichts	Patricks Bericht		Leas Bericht	
	☺	☹	☺	☹
Reihenfolge der Ereignisse eingehalten				
W-Fragen beantwortet				
im Präteritum geschrieben				
in nüchternem, sachlichem Tonfall geschrieben				
keine Gefühle, persönlichen Eindrücke oder Wertungen enthalten				
keine wörtliche Rede benutzt				

4 Lies die folgenden Sätze. Formuliere sie so um, dass sie für einen Bericht passen.

Beachte folgende Punkte:
- Zeitform
- sachlich und nüchtern geschrieben
- keine persönlichen Eindrücke
- keine wörtliche Rede

- Wir haben uns alle sehr früh getroffen und sind alle sehr aufgeregt gewesen.

____

____

- Wir sind schrecklich lange Bus gefahren und haben nur eine mickrige Pause gemacht.

____

____

- Das Museum fand ich wie alle anderen Mitschüler total spannend.

____

____

- Und da sagte ich zu Frau Bergmann: „Die Abschlussparty war megacool."

____

____

Auf Norderney

1 Auf der Klassenfahrt stand auch ein Geländespiel auf dem Programm. Tina hat im Anschluss alles aufgeschrieben. Lies ihre Aufzeichnungen.

16. April, Geländespiel

- 14.00 Uhr Einteilung in 5 Gruppen zu je 6 Schülerinnen und Schülern
- Gruppen starten im Wäldchen (10 Minuten Abstand)
- Sieger soll die Gruppe sein, die den Weg mit den Stationen am schnellsten zurücklegt und die meisten Punkte hat. Unsere Gruppe hat den 2. Platz, 20.00 Uhr Siegerehrung am Lagerfeuer

- unterschiedliche Stationen mit Rätsel- und Sportaufgaben, zum Beispiel Pflanzen und ihre Früchte bestimmen, Staffellauf, Liegestütze und Seilspringen auf Zeit (ganz schön anstrengend)

→ Merke 36

2 Hilf Tina, einen schriftlichen Bericht vorzubereiten. Beantworte dazu in Stichpunkten die W-Fragen.

- Wer? ______
- Wann? ______
- Wo? ______
- Warum? ______
- Wie? ______
- Welche Folgen? ______

3 Formuliere eine Überschrift für Tinas Bericht.

______

4 Schreibe die Einleitung für den Bericht.

5 Schreibe mithilfe deiner Notizen aus Aufgabe 2 den Hauptteil und den Schluss des Berichts.

→ Merke 36

Lies die Formulierungshilfen im Schülerbuch auf Seite 39.

6 EXTRA Überprüfe deinen Bericht mit der Checkliste von Seite 15. Verbessere ihn gegebenenfalls.

Zwischenfall beim Staffellauf

→ Merke 35

1 Nenne mindestens vier Merkmale eines Berichts.

____

____

2 Sieh dir die Bilder an. Beantworte dann in Stichpunkten die W-Fragen.

- Wer? ____
- Wann? ____
- Wo? ____
- Warum? ____
- Wie? ____
- Welche Folgen? ____

3 Finde eine passende Überschrift für einen Bericht zu dem Unfall des Jungen.

4 Verfasse mithilfe deiner Notizen aus Aufgabe 2 einen Bericht zu den vier Bildern. Beachte dabei die Merkmale für einen Bericht.

→ Merke 36

5 Überprüfe deinen Bericht. Achte auf die Reihenfolge der Ereignisse, die Zeitform und eine sachliche und neutrale Sprache. Überarbeite deinen Text gegebenenfalls.

Verwende die Expertenkarte von Seite 41 des Schülerbuches.

3

Dicke Luft bei Familie Hermsen

→ Merke 37

1 Sevgi sitzt nach einem Streit mit ihrer Mutter in ihrem Zimmer. Betrachte ihre Mimik und Gestik und kreuze an, was sie denken könnte. Du kannst auch selbst etwas schreiben.

☐ Wenn ich Papa von dem Streit erzähle, wird er mir schon recht geben.

☐ Ich bin so enttäuscht! Mama hat überhaupt kein Verständnis für mich.

☐ Ich bin total sauer und will bei Oma wohnen.

☐ So ein kleiner Streit haut mich nicht um.

☐ ______________________________

____

Sieh dir die Beispielmarkierungen im Text an.

2 Lies, wie es zu dem Streit bei Familie Hermsen kam. Markiere alle Personen, die im Text vorkommen.

Am Abendbrotstisch bei Familie Hermsen: Sevgi ist noch ziemlich frustriert von ihrem Schultag. Sie hat eine Vier in einer Englischarbeit, ihre Freundin Ellen dagegen eine Zwei. Als ihre Mutter nachhakt, berichtet Sevgi verärgert, dass sie Ellen vorher noch den Stoff erklärt hat. Ihre Mutter antwortet kühl, Sevgi solle eben das nächste Mal besser lernen.

Nach einer kurzen Pause spricht Sevgi mal wieder sehnsüchtig davon, endlich Schlagzeug spielen zu lernen. Die Mutter verschränkt die Arme vor der Brust und schaut ihre Tochter ablehnend an. Das hat sie ihr doch schon hundertmal erklärt: Die Kosten dafür sind einfach zu hoch und an die Nachbarn muss man doch wegen des Lärms auch denken! Außerdem glaubt sie nicht, dass Sevgi die nötige Ausdauer für regelmäßiges Üben habe. Ihre Zeit ist ja ohnehin knapp.

Sevgi wackelt währenddessen ungeduldig auf ihrem Stuhl hin und her. Mehrmals unterbricht sie die Mutter: Sie würde fürs Schlagzeug auf den Schwimmverein verzichten, die Oma könnte ihr etwas Geld dazugeben, sie würde nur nachmittags zwischen vier und fünf üben und dass sie genug Ausdauer hat, könnte man auch an ihrem Meerschweinchen sehen.

Doch die Mutter gibt nicht nach und hat das letzte Wort, nämlich: Nein!

Wütend poltert Sevgi aus der Küche und wirft ihre Zimmertür hinter sich zu.

3 Unterstreiche alle Stellen im Text, die in wörtliche Rede umgewandelt werden können.

→ Merke 37

4 Unterstreiche gestrichelt alle Hinweise im Text, die sich für Regieanweisungen eignen.

5 Schreibe den Text über den Streit von Sevgi und ihrer Mutter in eine Spielszene um.

Schreibe kurze Sätze!

Dicke Luft bei Familie Hermsen

Sevgi (frustriert): *Das ist nicht fair! Ich habe eine Vier und Ellen bekommt 'ne Zwei.*

Mutter: *Warum ist das nicht fair?*

Sevgi: ______________________________

____

____

____

____

____

____

____

____

____

____

____

____

____

____

____

____

____

____

____

____

____

____

____

____

____

6 EXTRA Spiel die Szene zusammen mit einem Partner. Setze dabei Mimik, Gestik und Stimme passend ein.

Lies die Arbeitstechnik „Ein szenisches Spiel durchführen" im Schülerbuch auf Seite 53.

Streit um die Ferien

→ Merke 38

1 Familie Kerner denkt an ihre Ferien. Formuliere die Wünsche der Familienmitglieder. Verwende dazu die Formulierungshilfen.

Formulierungshilfen für Wünsche und Forderungen

- Wir könnten doch …
- Ich möchte, dass …
- Es dürfte doch allen gefallen …
- Ich finde, wir sollten …
- Ich will unbedingt …
- Am schönsten fände ich …

Felix: Ich will unbedingt ______________________________

____

Paul: ______________________________

____

Frau Kerner: ______________________________

____

Herr Kerner: ______________________________

____

2 Leider findet die Familie keine Einigung. Unterstreiche jeweils, was an den Äußerungen verletzend wirkt.

Felix: Also wirklich Papa, auf dein langweiliges Wandern habe ich überhaupt keine Lust.

Paul: Mal ehrlich, Mama, Wellnessurlaub ist doch nur was für Tattergreise.

Frau Kerner: Großstadturlaub mit deinen Freunden? Felix, du willst doch nur rumhängen und Unsinn machen.

Herr Kerner: So ein Ausflug in den Vergnügungspark ist ja wohl der reinste Kleinkindurlaub, Paul.

3 Felix versucht die Stimmung zu verbessern und formuliert eine Ich-Botschaft. Unterstreiche die vier Teile in unterschiedlichen Farben: Anlass, Gefühl, Begründung, Erwartung/Wunsch.

→ Merke 39

Felix: Wenn ich höre, dass ihr mir nur Unsinn zutraut, macht mich das wütend. Ich habe oft gezeigt, dass ihr euch auf mich verlassen könnt. Ich möchte gern, dass ihr mich mit meinen Freunden fahren lasst.

4 Formuliere für die anderen Familienmitglieder passende Ich-Botschaften. Markiere auch hier die vier Teile mit verschiedenen Farben.

Paul: Wenn ich ____________________

____

____

____

Frau Kerner: Wenn ich ____________________

____

____

____

Herr Kerner: Wenn ich ____________________

____

____

____

Ich will aber in den Film!

→ Merke 40

1 Emily will mit ein paar Freunden aus ihrer Klasse einen Film ansehen. Die Mutter ist dagegen. Es kommt zu einer Diskussion. Ordne die folgenden Argumente Emily oder ihrer Mutter zu. Zeichne dazu Sprechblasen wie im Beispiel.

Ich muss unbedingt in den Film, …

Das mit dem Film ist keine gute Idee, …

weil der Film erst ab 16 ist.

weil einer der besten Schauspieler aller Zeiten mitspielt.

weil alle hingehen und ich nicht zur Außen-seiterin werden will.

weil es genug für die Schule zu tun gibt.

weil Filme mit Ge-waltszenen schaden können.

weil es für den Unter-richt wichtig ist, Filme beurteilen zu können.

2 Welches von Emilys Argumenten findest du überzeugend? Schreibe es auf und stütze es durch ein Beispiel oder eine Erläuterung.

Ich muss unbedingt in den Film, weil ______

______

______

3 Überlege dir ein weiteres Argument für Emily. Nenne ein Beispiel oder eine Erläuterung dazu.

______

______

______

______

4 Welches Argument der Mutter findest du überzeugend? Schreibe es auf und stütze es durch ein Beispiel oder eine Erläuterung.

Das mit dem Film ist keine gute Idee, weil ______________________

____

____

____

5 Überlege dir ein weiteres Argument für Emilys Mutter. Nenne ein Beispiel oder eine Erläuterung dazu.

____

____

____

____

6 Am nächsten Tag werden sich Emily und ihre Mutter einig. Vervollständige den Dialog.

Achte auf die richtige Zeitform der Verben.

gefallen | Kompromiss | vorschlagen | ~~finden~~ | Vorschlag

lösen | vorschlagen | anbieten | sollen | gefallen

Mutter: Emily, ich habe nochmal nachgedacht. Ich *finde*, du ______________ wegen der Hausaufgaben dieses Mal auf den Kinobesuch verzichten. Im Gegenzug ______________ ich dir ______________, dass du das nächste Mal nicht nur mitdarfst, sondern ich euch sogar hinbringe und abhole.

Emily: Nein, das ______________ mir nicht. Ich ______________, dass ich den Bus nehme. Da kann ich mit den anderen zusammen hinfahren.

Mutter: Aber dann wird es so spät. Das finde ich nicht gut.

Emily: Na gut, dann ______________ wir das Problem, indem ich den anderen ______________, dass wir in die frühere Vorstellung gehen. Was hältst du davon?

Mutter: Ja, das wäre ein guter ______________. Der ______________ ______________ mir. Du bist ein Schatz.

Emily: Danke, Mama, Du auch.

7 EXTRA Setze das Gespräch aus Aufgabe 6 zusammen mit einem Partner szenisch um. Verwende dabei auch Argumente aus Aufgabe 1 bis 5.

Lies die Arbeitstechnik „Ein szenisches Spiel durchführen" im Schülerbuch auf Seite 53.

Opas neue Freundin

→ Merke 39

1 Leos Opa hat eine neue Freundin. Der Rest der Familie ist damit aus verschiedenen Gründen nicht einverstanden. Überlege dir für jedes Familienmitglied ein Gefühl und einen Wunsch. Fülle dazu die Tabelle aus.

	Gefühl	Begründung	Wunsch
Mutter		Mein Vater hat meine Mutter einfach vergessen.	
Vater		Peter hat sich völlig verändert. Er ist nicht mehr wiederzuerkennen.	
Leo		Früher hat Opa mehr mit uns unternommen.	

2 Welches Gefühl könnte die Familie noch haben? Notiere es zusammen mit der Begründung und einem Wunsch.

3 Am nächsten Abend trifft sich Leos Familie, um den Konflikt zu lösen. Formuliere für alle Ich-Botschaften.

→ Merke 39

Opa: Wenn ich euch so reden höre, dann ______

Mutter: ______

Vater: ______

Leo: ______

Opas Freundin: ______

4 Am Ende trägt Opa zwei Argumente für seine neue Beziehung vor. Formuliere sie. Achte auf den richtigen Aufbau.

→ Merke 40

→ Merke 37

5 Verfasse mithilfe der Ich-Botschaften aus Aufgabe 1 bis 4 eine kleine Spielszene. Spiel die Szene zusammen mit einem Partner deiner Klasse vor.

Achte auf deine Mimik und Gestik.

Tiere sind auch Menschen

1 Lies die Fabel. Kreuze an, welche Themen darin behandelt werden.

☐ Angeberei ☐ Neid ☐ Freundschaft ☐ Schadenfreude ☐ Fleiß

nach Aesop

Die Ameise und die Fliege

Eines Tages geriet die Ameise mit der Fliege in Streit. Die Fliege prahlte, dass sie fliegen könne wie die Vögel, in jedem Haus zu Gast sei und stets fürstliche Mahlzeiten bekomme. Sie warf der Ameise vor, dass diese nur beständig auf der Erde herumkrieche und durch Fleiß und Arbeit ihren Lebensunterhalt verdienen müsse. Sie sei gezwungen, ihr spärliches Futter mühsam zu suchen und in ihren Ameisenhaufen zu schleppen. Und in der Erde wohnen, das sei sowieso: igitt!
Auf diese Vorwürfe antwortete die Ameise, sie sei mit ihrem Schicksal zufrieden und eine sichere, eigene Wohnung gefiele ihr besser als ein umherschweifendes Leben ohne festen Wohnsitz. Brunnenwasser und Getreidekörner schienen ihr überdies von auserlesenem Geschmack, weil sie die Früchte ihrer Arbeit seien. Dagegen seien die Fliegen jedem lästig, sodass sie stets nur unwillkommene Gäste seien.

Verwende auch die wörtliche Rede.

2 Gib den Inhalt der Fabel mit eigenen Worten wieder. Ergänze dazu die folgenden Satzanfänge.

Die Fliege sagt über sich: ______________________________

____

Die Fliege sagt über die Ameise: ______________________________

____

Die Ameise sagt über sich: ______________________________

____

Die Ameise sagt über die Fliege: ______________________________

____

Die Ameise und die Fliege gerieten in Streit, weil ______________________________

____

3 Welche Eigenschaften passen zu der Ameise und der Fliege? Ordne die folgenden Adjektive zu.

→ Merke 41

gehässig · fleißig · zufrieden · arm · eingebildet · aufdringlich · arbeitsam · lästig

Ameise	Fliege

4 In Fabeln wird die Welt der Tiere so wie die der Menschen dargestellt. Suche in der Fabel „Die Ameise und die Fliege“ Formulierungen, in denen das deutlich wird. Notiere diese.

- z. B. in einem Haus zu Gast sein (Zeile 4)
-
-
-
-

5 Lies den Text über Phaedrus. Unterstreiche alle wichtigen Informationen über sein Leben und seine Fabeln.

Phaedrus: Leben und Werk

Der Fabeldichter Gaius Iulius Phaedrus wurde ungefähr im Jahr 15 vor Christus auf dem Berg Pieros in Griechenland geboren und starb um 50/60 nach Christus.
Im Kindesalter kam Phaedrus nach Italien: Er lebte dort erst als Sklave und später als Freigelassener im Haushalt von Kaiser Augustus.
Mit seinen Fabeln wollte Phaedrus die Menschen erfreuen, aber auch belehren. So schreibt er in seinen Fabeln Tieren menschliche Eigenschaften zu, damit die Leser über ihr eigenes Verhalten nachdenken. Bekannt sind zum Beispiel seine Fabeln „Der Wolf und das Lamm“, „Der Fuchs und der Rabe“ oder „Der Frosch und der Ochse“.

Von Krähen und Kröten

→ Merke 42

1 Die meisten Fabeln sind gleich aufgebaut: Ordne den Bestandteilen die richtige Erläuterung zu, indem du Linien ziehst.

Bestandteil	Erläuterung
Ausgangssituation	eine plötzliche Veränderung bringt die Fabel zu einem Ende
Aktion	die Lehre/Moral wird genannt
Reaktion	Spieler und Gegenspieler erscheinen
Lösung/Wendepunkt	die Handlung und wörtliche Rede eines Tieres beginnen
Ergebnis	die Gegenhandlung und Gegenrede eines anderen Tieres folgen

2 Die folgende Fabel ist durcheinandergeraten. Nummeriere die Sätze in der richtigen Reihenfolge.

nach Gerhard von Minden

Die durstige Krähe

[ ] Das Wasser wollte sie daraus holen. Sie konnte nicht, der Eimer war zu schwer. Sie konnte ihn auch nicht zu sich neigen und so ihren Durst stillen.

[ ] Das Wasser wuchs, das Gestein versank. So konnte die Krähe Wasser trinken.

[ ] In dieser Geschichte erkenne, dass Wissen die Stärke besiegt: Mit Wissen überwindet man manche Not, die man mit Stärke nicht überwinden kann.

[1] Wegen großem Durst kam eine Krähe zum Wasser, in einem Eimer sah sie es.

[ ] Diese Hilfe dachte sie sich aus: Viele Steine warf sie in den Eimer.

Lies noch einmal in Aufgabe 1 nach, wenn du nicht sicher bist.

3 Ordne die Sätze nun den Bestandteilen von Fabeln zu.

1 Ausgangssituation ____________________

2 ____________________

3 ____________________

4 ____________________

5 ____________________

4 Welchen Zweck erfüllen Fabeln? Kreuze die richtige Aussage an.

→ Merke 41

- Fabeln dienen der Unterhaltung. Der Leser soll Spaß haben und seinen Alltag vergessen. Deshalb endet jede Fabel mit einem Witz.
- Fabeln erfüllen keinen bestimmten Zweck. Die Fabeldichter schrieben sie zum Zeitvertreib.
- Fabeln enthalten eine Lehre, die häufig als Moral am Ende des Geschehens zusammengefasst wird. Aus ihr soll der Leser Schlüsse für sein eigenes Verhalten ziehen.

5 Lies die folgende Fabel. Kreuze die zur Fabel passende Lehre an. Begründe deine Entscheidung.

Leonardo da Vinci

Die ______________________ Kröte

Jeden Tag spitzte die Kröte ihr Maul und griff mit ihren Lippen ein wenig Erde. „Warum bist du so mager?“, fragte ein Marienkäfer sie eines Tages. „Weil ich immer Hunger habe“, antwortete die Kröte. „Aber wenn du dich nur von Erde ernährst“, rief das reizende Insekt, „warum isst du dich nicht satt?“ „Weil eines Tages“, sprach die Kröte in klagendem Ton, „auch die Erde verbraucht sein könnte.“

- Wenn sich zwei streiten, freut sich der Dritte.
- Sparsamkeit ist eine Tugend, solange man an ihr nicht verhungert.
- Manches Vergnügen besteht darin, dass man darauf verzichtet.

Begründung: ____

____

____

____

6 Vervollständige den Titel der Fabel mit einem Adjektiv, das die Eigenschaft der Kröte beschreibt.

Zwei unterhalten sich

1 Kuckuck und Star unterhalten sich, die wörtliche Rede ist im Text aber nicht gekennzeichnet. Unterstreiche die Redebegleitsätze.

Christian Fürchtegott Gellert

Der Kuckuck

Der Kuckuck sprach mit einem Star,
der aus der Stadt entflohen war.
„Was spricht man“, fing er an zu schreien,
Was spricht man in der Stadt von unsern
 Melodeien[1]?
Was spricht man von der Nachtigall?
Die ganze Stadt lobt ihre Lieder. –
Und von der Lerche?, rief er wieder.
Die halbe Stadt lobt ihrer Stimme Schall.
Und von der Amsel?, fuhr er fort.
Auch diese lobt man hier und dort. –
Ich muss dich doch noch etwas fragen:
Was, rief er, spricht man denn von mir?
Das, sprach der Star, das weiß ich nicht zu sagen,
denn keine Seele red‘t von dir. –
So will ich, fuhr er fort, mich an dem Undank rächen,
und ewig von mir selber sprechen.

1 Melodien

→ Merke 43

2 Was sagen der Kuckuck und der Star? Markiere die Rede des Kuckucks mit roten und die Rede des Stares mit blauen Wellenlinien. Kennzeichne anschließend die wörtliche Rede mit Anführungszeichen.

3 Forme den ersten und letzten Redebeitrag des Kuckucks so um, dass die Redebegleitsätze jeweils an einer anderen Stelle stehen.

4 Lies den Anfang der Fabel. Notiere im folgenden Schreibplan, wie die Fabel weitergehen könnte.

→ Merke 42

nach Aesop

Der Löwe und der Eber

In einem sehr heißen Sommer waren alle Flüsse und Bäche ausgetrocknet, sodass die Tiere großen Durst litten. Da entdeckte ein Löwe in einem schattigen Gehölz eine Wasserlache. Gleichzeitig hatte aber auch ein durstiger Eber das Wasser entdeckt. Beide stürzten auf die Lache zu …

Schreibplan: Den Anfang einer Fabel fortsetzen	
Eigenschaften der Tiere	• Löwe ______ • Eber ______
Ausgangssituation	• Wo befinden sich die beiden Tiere? ______ • Welches Problem oder welcher Konflikt ergibt sich? ______
Handlung (Aktion)	• Wie handelt der Löwe? (Aktion) ______ • Was spricht er? (wörtliche Rede) ______ • Was geschieht daraufhin? ______
Gegenhandlung (Reaktion)	• Wie reagiert der Eber? ______ • Was entgegnet er? (Gegenrede) ______ • Was passiert genau? ______
Wendepunkt/ Lehre der Fabel	• Wie verändert sich die Situation? (Wendepunkt) ______ • Was lernt man aus der Fabel? ______

5 Schreibe nun eine Fortsetzung der Fabel „Der Löwe und der Eber". Verwende dazu deine Notizen aus Aufgabe 4.

Wenn zwei sich streiten, werden beide nass

→ Merke 41 und Merke 42

1 Das fabelhafte Quiz. Kreuze die richtigen Lösungen an.

Fabeln handeln meist von …

- ☐ berühmten Persönlichkeiten.
- ☐ Tieren mit menschlichen Eigenschaften.
- ☐ guten Feen, bösen Hexen und Prinzessinnen.

Am Ende einer Fabel steht …

- ☐ ein Lösungswort.
- ☐ ein Satz wie „Und sie lebten glücklich bis an ihr Ende."
- ☐ eine Lehre oder Moral.

Aus einer Fabel lernt man, …

- ☐ wie sich Tiere in ihrem Lebensraum verhalten.
- ☐ wie sich Menschen Tieren gegenüber verhalten.
- ☐ wie man sich selbst verhalten soll.

Fabeln …

- ☐ sind kurze Erzählungen.
- ☐ schließen mit einem Happy End.
- ☐ haben keine wörtliche Rede.

2 Lies die Fabel. Gib ihr eine passende Überschrift.

Aesop

____

Ein gieriger Wolf fraß einmal so schnell, dass ihm ein großer Knochen im Hals stecken blieb. Der Wolf heulte laut: „______________________________?"
Ein Storch, der zufällig vorbeiging, fragte den Wolf: „______________________________
______________________________?" – „______________________________", jammerte der Wolf, „______________________________!"
Neugierig schaute der Storch in den Rachen des Wolfes. „______________________________", sagte er, „______________________________"
„______________________________
____
______________________________", bettelte der Wolf mit weinerlicher Stimme.
„______________________________", klapperte der Storch und steckte seinen Kopf in den Rachen des Wolfes. Schon bald hatte er den Knochen herausgeholt.

→ Merke 43

3 Überlege, was die beiden Tiere zueinander sagen könnten. Schreibe es in wörtlicher Rede vor und hinter die Redebegleitsätze. Achte dabei auf die richtige Zeichensetzung.

4 Welche Eigenschaften treffen auf den Wolf und den Storch zu? Vervollständige die Sätze. Begründe deine Auswahl.

Sturheit | Streitsucht | Prahlsucht | Klugheit | Hilfsbereitschaft | Dankbarkeit

Der Wolf ist ein Beispiel für ______________________

Begründung: ______________________

____

Der Storch ist ein Beispiel für ______________________

Begründung: ______________________

____

5 Schreibe den Schluss der Fabel. Wähle dazu einen der Vorschläge aus.

→ Merke 42

Der Wolf ist glücklich und bedankt sich.

Der Storch möchte eine Belohnung, der Wolf gibt ihm keine.

____

6 Formuliere eine passende Moral für die Fabel.

→ Merke 41

____

Die Welt der Medien in einem Bild

→ Merke 44

Sieh dir die Arbeitstechnik „Ein Diagramm verstehen und auswerten" im Schülerbuch auf Seite 91 an.

1 Untersuche das Diagramm. Beantworte dazu die Fragen in der Tabelle.

Wichtigkeit der Medien 2012

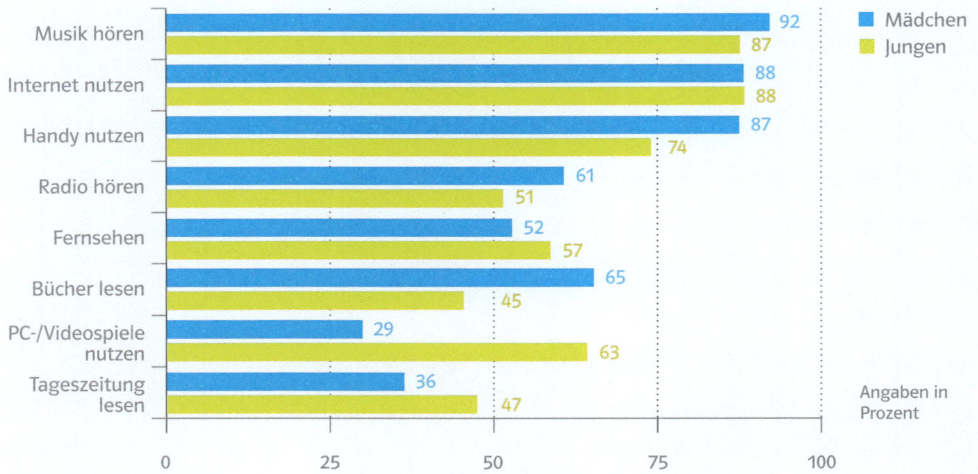

Quelle: JIM-Studie 2012

Frage	Antwort mit Formulierungshilfen
Was zeigt das Diagramm?	In dem Diagramm geht es darum, ______
Um welchen Diagramm-Typ handelt es sich?	Es handelt sich bei dem Diagramm ______
Was zeigt die x-Achse?	Die x-Achse zeigt ______
Was zeigt die y-Achse?	Die y-Achse zeigt ______
Welche Personengruppen wurden befragt?	Befragt wurden ______
Was ist für Mädchen und Jungen gleich wichtig?	Gleich wichtig ist ______
Was ist für Mädchen wichtiger als für Jungen?	Für Mädchen ist wichtiger ______

2 Sieh dir das Diagramm „Gerätebesitz der Kinder 2012“ an. Ergänze anschließend die Lücken im Text.

Gerätebesitz der Kinder 2012 (Angaben der Haupterzieher)

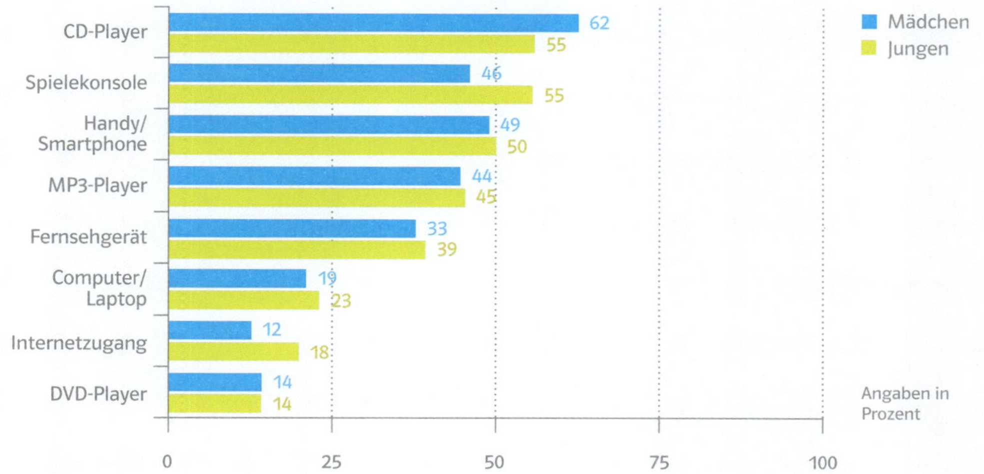

Quelle: KIM-Studie 2012

Die meisten Mädchen besitzen einen ____________________, dagegen haben die meisten Jungen eine ____________________________ oder einen ____________________. Nur beim ____________________ haben die Jungen seltener ein Gerät als die Mädchen, genau gleich ist bei Mädchen und Jungen die Häufigkeit des Besitzes eines ____________________. Der größte Unterschied im Gerätebesitz besteht bei der ____________________________ mit ________ Prozent zu ________ Prozent. Fast die Hälfte aller Mädchen und Jungen hat ein ____________________, das genaue Verhältnis ist ________ Prozent für Mädchen und ________ Prozent für Jungen.

3 EXTRA Erstelle zwei Tortendiagramme. Zeichne mithilfe der Angaben aus Aufgabe 2 die Häufigkeit des Gerätebesitzes ein.

Besitz eines Fernsehgeräts bei Mädchen

Besitz eines Handys/Smartphones bei Jungen

Was wir im Fernsehen anschauen

1 Zu welcher Serienart gehören die Fernsehserien? Verbinde diese miteinander.

The Wire	Mysterieserie
Alarm für Cobra 11	Castingshow
Gute Zeiten Schlechte Zeiten	Doku-Soap
Die Simpsons	Familienserie
Das Haus Anubis	Actionserie
Berlin – Tag und Nacht	Zeichentrickserie
The Voice of Germany	Abenteuerserie

2 Lies den Text zur Serie „Die wilden Kerle". Kreuze die richtigen Antworten an.

Die Wilden Kerle (Zeichentrickserie)

Kinder finden's prima.
Bereits bekannt aus den beliebten Buchvorlagen wie den Realverfilmungen, kehren „Die Wilden Kerle" […] zurück. An der ein oder anderen Stelle weicht die neue Produktion etwas von der Buchvorlage ab, aber die Grundgeschichte ist dieselbe: Leon, Marlon, Markus, Jojo, Raban, Deniz und Vanessa – sechs Jungs und ein Mädchen, die alle dasselbe verbindet, nämlich ihre Begeisterung für den Fußball. Zusammen sind sie „Die Wilden Kerle" und gemeinsam wollen sie die beste Mannschaft der Welt werden. Doch der Weg dahin ist schwer und voller Hindernisse, denn die Wilden Kerle stehen noch ganz am Anfang. Zunächst brauchen sie einen Fußballplatz, einen Trainer und die passende Ausrüstung. Auch ihre Eltern müssen sie von ihrem Traum erst einmal überzeugen. Und so entwickeln sich für die Wilden Kerle sowohl auf dem Fußballplatz als auch fernab des Spielfeldes immer wieder neue Abenteuer. […]

Was sind „Die wilden Kerle"?	☐	Rugbymannschaft	☐	Fußballmannschaft
Wie viele Spieler gehören zur Mannschaft?	☐	sieben	☐	acht
Um welche Serienart handelt es sich?	☐	Krimiserie	☐	Zeichentrickserie
Was fehlt den „Wilden Kerlen" noch?	☐	Trainer und Fußballplatz	☐	Lehrer und Hausaufgaben
Was wollen „Die wilden Kerle" sein?	☐	beste Freunde	☐	beste Mannschaft
Worum geht es in der Serie?	☐	Sport und Freundschaft	☐	Verbrechen

3 Informieren und Unterhalten: Begründe, welche der beiden Sendungen als Infotainment bezeichnet wird.

→ Merke 46

☐ Die Sendung mit der Maus ☐ Die Simpsons

Begründung: ____

____

4 Lies den folgenden Text. Kreuze an, ob die folgenden Aussagen richtig, falsch oder nicht im Text zu finden sind.

Wissenschaft, die Fernsehen macht

Warum ist Meerwasser salzig? Wie funktioniert eine Toilettenspülung? Kinder wollen alles wissen und ihr Wissensdurst scheint kaum zu stillen zu sein. Auch das Fernsehen befriedigt diese Neugier der jungen Zuschauer. Denn seit vielen Jahren sind wissenschaftliche Sendungen für Kinder sehr gefragt. Dabei hat das Fernsehen einen großen Vorteil: Durch die Verbindung von Bild und Ton ist es möglich, Sachinformationen anschaulich und verständlich darzustellen. Meist führt ein Moderator durch die Sendung und stellt Fragen an Experten, führt Experimente durch oder erzählt Geschichten zu einem Thema. So kann der Moderator ein breites Publikum ansprechen. Spaß macht es den jungen Zuschauern besonders dann, wenn sie selbst mitmachen oder mitraten können. So können sie ganz nebenbei ihr Wissen erweitern.

Kinder sind neugierig.	☐ richtig	☐ falsch	☐ nicht im Text
Eltern können nicht alles beantworten.	☐ richtig	☐ falsch	☐ nicht im Text
Seit acht Jahren gibt es Wissenschaftssendungen für Kinder.	☐ richtig	☐ falsch	☐ nicht im Text
Das Fernsehen stillt die Neugier der Kinder.	☐ richtig	☐ falsch	☐ nicht im Text
Fernsehen hat keine Vorteile bei der Wissensvermittlung.	☐ richtig	☐ falsch	☐ nicht im Text
Der Moderator kann ein breites Publikum ansprechen.	☐ richtig	☐ falsch	☐ nicht im Text
Kinder wollen selbst nicht mitmachen.	☐ richtig	☐ falsch	☐ nicht im Text

5 Verbessere die falschen Aussagen aus Aufgabe 4.

____

____

____

____

____

Kinder im Fernsehen

1 Lies den Text überfliegend. Gib ihm eine passende Überschrift.

____

Sie sind zwischen 8 und 14 Jahre alt und stehen auf einer großen Fernsehbühne – die meisten das erste Mal in ihrem Leben. Die Jury kann sie nicht sehen, dafür aber hören. Bei der Fernsehsendung „The Voice Kids“ zeigen junge Nachwuchskünstler ihr gesangliches Können. Seit April 2013 lassen sich die Jurymitglieder Lena Meyer-Landrut, Tim Bendzko und Henning Wehland von Kindern mit faszinierenden Stimmen, außergewöhnlicher Musikalität und originellen Auftritten bei den sogenannten „Blind Auditions“ begeistern. Als Coaches suchen die drei Profimusiker die besten Talente für ihre Teams. Denn am Ende soll einer der jungen Künstler „The Voice“ werden. Im Gegensatz zu anderen Castingshows werden die Kandidaten nicht beleidigt und auch nicht bloßgestellt. Allein die Stimme und der Mut zählen.

2 Lies den Text genauer. Kreuze dann die richtigen Antworten an.

Welche Sendung wird im Text beschrieben?

☐ The Voice of Germany ☐ The Voice ☐ The Voice Kids

Wer tritt in der Sendung auf?

☐ Profi-Musiker ☐ Nachwuchskünstler ☐ Schauspieler

Was machen die Künstler auf der Bühne?

☐ Gedichte rezitieren ☐ Akrobatik ☐ Singen

Wer gehört zur Jury?

☐ Musikproduzenten ☐ Profimusiker ☐ Musiklehrer

Zu welcher Serienart gehört die Sendung?

☐ Castingshow ☐ Doku-Soap ☐ Mysterieserie

3 Unterteile den Text in drei Abschnitte. Formuliere Überschriften für die Abschnitte.

1. ____
2. ____
3. ____

deutsch.punkt

Differenzierende Ausgabe

Lösungen zum Arbeitsheft

Seite 4–5

Aufgabe 1:
Jedes Jahr wird für den Vorlesewettbewerb ein anschauliches **Plakat** entworfen, damit jede Schülerin und jeder Schüler darüber Bescheid weiß.
Seinen Text sollte man nicht auswendig lernen. Es geht darum, ihn **flüssig** vorzulesen und den Zuhörern die Stimmung zu vermitteln.
Du musst eine **Textstelle** aussuchen, für die du ungefähr drei Minuten zum Vorlesen brauchst.
Leider darf ich meine selbst geschriebene **Geschichte** nicht vortragen.
Es muss ein reiner Lesetext sein. **Comics** sind wegen der vielen Bilder nicht erlaubt.
Dann hilft nur noch **üben**.
Wenn du als Schulsieger in die nächste **Runde** kommst, dann gehst du wieder auf Büchersuche.
Um die Zuhörer zu fesseln, sollte die Textstelle spannend oder **lustig** sein.
Natürlich solltest du das Buch vollständig gelesen haben, weil man es am **Anfang** kurz vorstellt.

Aufgabe 2:
- ☒ Ich suche mir ein Buch aus dem Regal ganz hinten in der Ecke aus, denn ich liebe Science-Fiction.
- ☒ Mein Lieblingsbuch werde ich bestimmt neben dem schwarzen Regal finden. Fantasy-Romane sind meine Favoriten.
- ☒ Ich würde gern eine Tiergeschichte vorlesen. Deshalb muss ich zu dem Regal, das schwarz markiert ist.
- ☒ Die Bücher im Regal neben den Bilderbüchern interessieren mich. Aber aus ihnen darf man beim Wettbewerb leider nicht vorlesen.

Aufgabe 3:
Im **Regal an der linken Wand** stehen meine geliebten Krimis.
Zu den **Bilderbüchern** komme ich am schnellsten. Sie stehen gleich am Eingang. Die **Abenteuerbücher** stehen dem Eingang gegenüber.

Aufgabe 4:
KRI 12 STE 2 steht im blauen Regal. → Krimi
ABE 9 DRA 4 steht im roten Regal. → Abenteuer
SCI 18 COL 5 steht im türkisfarbenen Regal. → Science-Fiction

Seite 6–7

Aufgabe 1:
Dieses Buch ist beim **Oetinger** Verlag erschienen, und die Autorin **Sabine Ludwig** hat ihm den Titel „Hilfe, ich habe meine Lehrerin geschrumpft" gegeben.
Ich glaube, das Buch ist genau richtig für mich, weil ich gerne **lustige** Geschichten lese. Im Klappentext steht, dass die Mathelehrerin **geschrumpft** ist und jetzt sogar in die Jackentasche der Hauptfigur **Felix** passt. Da bekomme ich gleich Lust zu lesen!

Der Klappentext des Buches hat mich neugierig gemacht, weil die Hauptfigur ein **Hund** ist. Er läuft dem Mädchen Opal zu und wird von ihr **Winn-Dixie** genannt. Das Mädchen ist **zehn** Jahre alt.
Ich bin gespannt, welche Abenteuer der etwas streng **riechende** Hund und Opal erleben. Die Autorin **Kate DiCamillo** hatte mit dem lächelnden Hund einen sehr schönen Einfall.

Aufgabe 2:

Der Textausschnitt …	☺	😐	☹
ist verständlich.	×		
weckt die Neugier der Zuhörer für das Buch.	Individuelle Schülerlösung		
kann in 3 bis 5 Minuten gelesen werden.			×

Aufgabe 3:
Beispiellösung

Der Text ist gut zu verstehen. Alle Wörter sind bekannt. Allerdings ist der Text zu kurz, um in drei Minuten gelesen zu werden.

Aufgabe 4:
Individuelle Schülerlösung

Seite 8–9

Aufgabe 1:

8 Sie machen sich also auf den Weg und besteigen ein Flüchtlingsboot nach Italien.
1 „Der Schrei des Löwen" wurde von Ortwin Ramadan geschrieben und ist beim Carlsen Verlag erschienen.
6 Dabei fällt Yoba in einer gefährlichen Situation viel Geld in die Hände.
2 Dieses Buch hat mich sehr berührt, weil so genau beschrieben wird, wie Straßenkinder in Afrika leben.
5 Um auf der Straße zu überleben, übernimmt der Ältere manchmal Jobs für einen Gangsterboss.
3 Es handelt davon, wie sich zwei Waisenjungen ganz allein in der nigerianischen Stadt Aba durchschlagen müssen.
4 Die beiden Hauptfiguren sind der 16-jährige Yoba und sein kleiner Bruder Chioke, der 12 Jahre alt ist.
7 Mit dem Geld wollen die Brüder ein besseres Leben in Europa beginnen.

Aufgabe 2:

„Schatz auf Pagensand" (blau); „Norbert Nobody" (rot)

Ich stelle euch ein Abenteuerbuch von Uwe Timm vor. Es ist sehr spannend und trägt den Namen „Der Schatz auf Pagensand". Das Buch ist bei dtv erschienen. Von Nicky Singer stammt das Buch „Norbert Nobody oder Das Versprechen" und wurde bei dtv veröffentlicht. Mich hat die Geschichte sofort gefesselt, weil aus einem ängstlichen Jungen ein mutiger wird. Aus der Sicht der 11-jährigen Jutta wird erzählt, wie sie und ihre drei Freunde ein altes Boot seetüchtig machen und mit ihm auf Schatzsuche fahren. Das Buch handelt von dem schüchternen Robert Nobel, der für alle nur ein Außenseiter ist. Bei einem Sturm ertrinken sie fast und stranden schließlich auf einer Elbinsel. Jonathan macht ihn besonders oft fertig und nennt ihn abwertend Norbert Nobody. Jutta und ihre drei Freunde haben sehr unterschiedliche Fähigkeiten. Jan ist ganz mutig, Benno hat ausgefallene Ideen und Georg ist ganz praktisch veranlagt. Doch dann tritt eine Änderung in Roberts Leben ein. Bei einem Schulprojekt im Altenheim trifft er die alte Edith Sorrel. Sie nimmt ihm das Versprechen ab, zu einem alten Haus zu gehen. Weil sie zusammenhalten, können sie die Gefahren überleben. Der Junge will der alten Frau helfen und beweist, dass er gar nicht so ein Feigling ist, wie alle dachten.

Aufgabe 3:

- [ ] Die Reihenfolge ist in Ordnung.
- [x] Autor und Titel werden genannt.
- [ ] Die Zusammenfassung des Buchinhalts ist verständlich.
- [x] Hauptpersonen und Orte werden vorgestellt.
- [ ] Die Auswahl des Buches wird begründet.

Aufgabe 4:

Beispiellösung

Besonders gefallen hat mir, dass Maria fehlerfrei und flüssig gelesen hat und dass sie wichtige Wörter und Satzzeichen betont hat. Ich fand, dass sie die Pausen bewusster hätte setzen können. Außerdem hätte sie die Satzzeichen stärker beachten sollen. Beim nächsten Mal könnte sie das verbessern.

Seite 10–11

Aufgabe 1:

Titel: Die Eisfestung
Autor: Jonathan Stroud
Hauptperson: die Teenager Marcus, Emily und Simon
Handlungsort: eine verlassene, schneebedeckte Burg
Inhalt/Handlungsverlauf: Die drei Jugendlichen dringen in die Burg ein und erleben dort ein gefährliches Abenteuer.

Aufgabe 2:

Individuelle Schülerlösung

Aufgabe 3:

6 Um die Küstenorte vor seinen Hurrikans zu bewahren, zog die Familie in ein wenig bewohntes Gebiet im Grenzbereich von Nebraska und Kansas.
1 Mein Buch heißt „Schimmer" und ist das erste, das Ingrid Law veröffentlicht hat.
7 Kurz vor Mibs' 13. Geburtstag wird ihr Vater bei einem Autounfall schwer verletzt.
4 Sie weiß, dass sie an ihrem Geburtstag eine außergewöhnliche Fähigkeit, einen „Schimmer" erhalten wird, so wie alle ihre Familienmitglieder.
8 Weil das Mädchen hofft, dass sie ihrem Vater mit ihrem „Schimmer" helfen kann, macht sie sich auf eine ereignisreiche Reise zu ihm.
2 Das Buch ist voll von überraschenden Ideen und es macht viel Spaß, es zu lesen.
5 Ihr Bruder Fish zum Beispiel konnte ab diesem Zeitpunkt Stürme entfachen.
3 Die Hauptperson ist Mibs und sie wird bald 13 Jahre alt.

Aufgabe 4:

Wenn ich eine Stelle aus einem Buch vortragen soll, übe ich so lange, bis ich die Textstelle **laut** und **betont** vorlesen kann. Damit die Zuhörer den Text gut verstehen können, muss ich **fehlerfrei** und **flüssig** lesen und am Satzende oder bei Gedankenstrichen die **Pausen** einhalten. Ich achte darauf, **wichtige Wörter** passend zu betonen. Dabei haben Satzzeichen wie das **Fragezeichen** oder der **Punkt** eine wichtige Funktion – dann muss ich nämlich die Stimme **heben** oder **senken**.

Seite 12–13

Aufgabe 1:

In einem Bericht gibt der Berichtende ein **abgeschlossenes Ereignis**/~~künftiges Geschehen~~ so ~~spannend und persönlich~~/**sachlich und wertfrei** wie möglich wieder. Die Zuhörer oder Leser werden über **wesentlichen Sachverhalte**/~~alle Einzelheiten belehrt~~/**informiert**.

Aufgabe 2:

Beispiellösung

1. Saskia erzählt unwichtige Einzelheiten.
Beispiel: Tante Frieda hat ihn mir gegeben.
2. Saskia erzählt nicht sachlich und wertfrei.
Beispiel: Ohne die doofe Sportstunde wäre das nie passiert.

Aufgabe 3:

1. Einleitung
Wer? Saskia
Wann? In der Sportstunde
Wo? In der Turnhalle
2. Hauptteil
Warum? Loch in der Hosentasche
Wie? Beim Zirkeltraining herausgefallen
3. Schluss
Welche Folgen? Der Ring ist weg

Aufgabe 4:
Am Montag, den 23.09.2013 hatten wir **von 9.45 bis 11.15 Uhr** Sportunterricht **in der großen Turnhalle. Nach der Sportstunde** bemerkte meine Freundin Saskia, dass sie ihren Ring verloren hat.
Noch vor Unterrichtsbeginn sah ich, wie Saskia **in der Umkleide** ihren Ring vom Finger nahm und ihn **in die Hosentasche** steckte. **In der ersten Hälfte der Sportstunde** hatten wir Zirkeltraining. Während Saskia über einen Bock sprang, hörte ich ein leises Klirren, doch ich dachte mir nichts dabei. **Gegen 11 Uhr** stellte Saskia dann fest, dass ihr Ring nicht mehr da war. Dabei fiel ihr auf, dass ihre Hosentasche ein Loch hat, durch das der Ring gefallen sein muss. Wir suchten den Ring daraufhin gemeinsam **in der Turnhalle**, aber wir konnten ihn nicht finden.

Seite 14–15

Aufgaben 1 und 2:
Individuelle Schülerlösungen

Aufgabe 3:

Merkmale eines Berichts	Patricks Bericht		Leas Bericht	
	☺	☹	☺	☹
Reihenfolge der Ereignisse eingehalten		×	×	
W-Fragen beantwortet		×	×	
im Präteritum geschrieben			×	
in nüchternem, sachlichem Tonfall geschrieben		×	×	
keine Gefühle, persönlichen Eindrücke oder Wertungen enthalten		×		×
keine wörtliche Rede benutzt		×	×	

Aufgabe 4:
Beispiellösung

Wir trafen uns alle sehr früh und alle waren sehr aufgeregt.
Wir fuhren lange mit dem Bus und machten nur eine kurze Pause.
Das Museum war für alle Schüler sehr interessant.
Am Ende sagte ich zu Frau Bergmann, dass die Abschlussparty sehr schön gewesen sei.

Seite 16–17

Aufgabe 1:
Individuelle Schülerlösung

Aufgabe 2:
Wer? Tina und ihre Klasse
Wann? 16, April, ab 14.00 Uhr
Wo? Im Wäldchen
Warum? Ein Geländespiel mit verschiedenen Stationen
Wie? In 5 Gruppen zu je 6 Schülerinnen und Schülern
Welche Folgen? Siegerehrung am Lagerfeuer

Aufgabe 3:
Beispiellösung

Unser Geländespiel

Aufgaben 4–6:
Individuelle Schülerlösungen

Seite 18–19

Aufgabe 1:
Beispiellösung
1. vergangenes abgeschlossenes Ereignis, 2. sachlich und wertfrei, 3. wesentliche Sachverhalte, 4. informieren, 5. Präteritum verwendet

Aufgabe 2:
Wer? Ein Junge
Wann? Beim Staffellauf
Wo? An einem Weidezaun
Warum? der Junge ist ungeschickt gesprungen
Wie? am Zaun hängengeblieben
Welche Folgen? Knie verletzt, Hose zerrissen

Aufgabe 3:
Beispiellösung

Unfall beim Staffellauf, Unfall beim Sportunterricht

Aufgaben 4 und 5:
Individuelle Schülerlösungen

Seite 20–21

Aufgabe 1:
Individuelle Schülerlösung

Aufgaben 2–4:
Personen; Regieanweisungen; wörtliche Rede

Am Abendbrotstisch bei Familie Hermsen: Sevgi ist noch ziemlich frustriert von ihrem Schultag. Sie hat eine Vier in einer Englischarbeit, ihre Freundin Ellen dagegen eine Zwei. Als ihre Mutter nachhakt, berichtet Sevgi verärgert, dass sie Ellen vorher noch den Stoff erklärt hat. Ihre Mutter antwortet kühl, Sevgi solle eben das nächste Mal besser lernen.
Nach einer kurzen Pause spricht Sevgi mal wieder sehnsüchtig davon, endlich Schlagzeug spielen zu lernen. Die Mutter verschränkt die Arme vor der Brust und schaut ihre Tochter ablehnend an. Das hat sie ihr doch schon hundertmal erklärt: Die Kosten dafür sind einfach zu hoch und an die Nachbarn muss man doch auch denken, wegen des Lärms! Außerdem glaubt sie nicht, dass Sevgi die nötige Ausdauer habe für regelmäßiges Üben. Ihre Zeit ist ja ohnehin knapp.
Sevgi wackelt währenddessen ungeduldig auf ihrem Stuhl hin und her. Mehrmals unterbricht sie die Mutter: Sie würde fürs Schlagzeug auf den Schwimmverein verzichten, die Oma könnte ihr etwas Geld dazugeben, sie würde nur nachmittags zwischen vier und fünf üben und dass sie genug Ausdauer hat, könnte man auch an ihrem Meerschweinchen sehen.
Doch die Mutter gibt nicht nach und hat das letzte Wort, nämlich: Nein!
Wütend poltert Sevgi aus der Küche und wirft ihre Zimmertür knallend hinter sich zu.

Aufgaben 5 und 6:
Individuelle Schülerlösungen

Seite 22–23

Aufgabe 1:
Beispiellösung

Felix: Ich will unbedingt mit Freunden nach London fahren.
Paul: Ich möchte, dass wir in einen Vergnügungspark fahren.

Frau Kerner: Wir könnten doch dieses Jahr einen Wellnessurlaub machen.
Vater Kerner: Am schönsten fände ich es, wenn wir zusammen wandern gehen.

Aufgabe 2:
Beispiellösung

Also wirklich Papa, auf dein langweiliges Wandern habe ich überhaupt keine Lust.
Mal ehrlich, Mama, Wellnessurlaub ist doch nur was für Tattergreise.
Großstadturlaub mit deinen Freunden? Felix, du willst doch nur rumhängen und Unsinn machen.
So ein Ausflug in den Vergnügungspark ist ja wohl der reinste Kleinkindurlaub, Paul.

Aufgabe 3:
Anlass (rot); Gefühl (gelb); Begründung (grün); Erwartung (blau)

Wenn ich höre, dass ihr mir nur Unsinn zutraut, macht mich das wütend. Ich habe oft gezeigt, dass ihr euch auf mich verlassen könnt. Ich möchte gern, dass ihr mich mit meinen Freunden fahren lasst.

Aufgabe 4:
Beispiellösung

Anlass (rot); Gefühl (gelb); Begründung (grün); Erwartung (blau)

Paul: Wenn ich höre, dass mein Vorschlag als der reinste Kleinkinderurlaub bezeichnet wird, ärgert mich das. Meine Interessen werden nicht beachtet. Ich hätte gerne, dass ihr auf meine Wünsche eingeht.
Frau Kerner: Wenn ich höre, dass ich Tattergreis genannt werde, fühle ich mich beleidigt. Jedem tut es gut, sich verwöhnen zu lassen. Ich möchte gern, dass ihr das auch erfahrt.
Herr Kerner: Wenn ich höre, dass ihr meinen Urlaubswunsch langweiliges Wandern nennt, finde ich das verletzend, denn beim Wander sieht man viele interessante Dinge. Ich möchte, dass ihr euch darauf einlasst.

Seite 24–25

Aufgabe 1:
Emily: Ich muss unbedingt in den Film, ...; weil einer der besten Schauspieler aller Zeiten mitspielt; ich nicht zur Außenseiterin werden will; weil es für den Unterricht wichtig ist, Filme beurteilen zu können.
Mutter: Das mit dem Film ist keine gute Idee, ...; weil der Film erst ab 16 ist; weil es genug für die Schule zu tun gibt; weil Filme mit Gewaltszenen schaden können.

Aufgaben 2–5:
Individuelle Schülerlösungen

Aufgabe 6:
Mutter: Emily, ich habe nochmal nachgedacht. Ich **finde**, du **solltest** wegen der Hausaufgaben dieses Mal auf den Kinobesuch verzichten. Im Gegenzug **biete** ich dir **an**, dass du das nächste Mal nicht nur mitdarfst, sondern ich euch sogar hinbringe und abhole.
Emily: Nein, das **gefällt** mir nicht. Ich **schlage vor**, dass ich den Bus nehme. Da kann ich mit den anderen zusammen hinfahren.
Mutter: Aber dann wird es so spät. Das finde ich nicht gut.
Emily: Na gut, dann **lösen** wir das Problem, indem ich den anderen **vorschlage**, dass wir in die frühere Vorstellung gehen. Was hältst du davon?
Mutter: Ja, das wäre ein guter **Kompromiss**. Der **Vorschlag gefällt** mir. Du bist ein Schatz.
Emily: Danke, Mama, Du auch.

Aufgabe 7:
Individuelle Schülerlösung

Seite 26–27

Aufgaben 1–5:
Individuelle Schülerlösungen

Seite 28–29

Aufgabe 1:
☒ Angeberei ☒ Neid ☒ Fleiß

Aufgabe 2:
Beispiellösung

Die Fliege sagt über sich: Ich kann fliegen wie ein Vogel, bin in jedem Haus willkommen und bekomme fürstliche Mahlzeiten.
Die Fliege sagt über die Ameise: Du musst auf der Erde herumkriechen, mit Fleiß und Arbeit deinen Lebensunterhalt verdienen, hast wenig zu essen und lebst in der Erde.
Die Ameise sagt über sich: Ich bin mit meinem Schicksal, meiner festen Wohnung und meinem einfachen Essen zufrieden.
Die Ameise sagt über die Fliege: Du bist jedem lästig und nie willkommen.
Die Ameise und die Fliege gerieten in Streit, weil die Fliege auf die Ameise neidisch war.

Aufgabe 3:

Ameise	Fliege
fleißig	gehässig
zufrieden	eingebildet
arm	aufdringlich
arbeitsam	lästig

Aufgabe 4:
Beispiellösung

fürstliche Malzeiten bekommen (Zeile 4 und 5); durch Fleiß und Arbeit ihren Lebensunterhalt verdienen (Zeilen 7 bis 9); eine sichere, eigene Wohnung (Zeile 16); umherschweifendes Leben (Zeile 16 bis 17)

Aufgabe 5:
Phaedrus: Leben und Werk
Der Fabeldichter Gaius Iulius Phaedrus wurde ungefähr im Jahr 15 vor Christus auf dem Berg Pieros in Griechenland geboren und starb um 50/60 nach Christus.
Im Kindesalter kam Phaedrus nach Italien: Er lebte dort erst als Sklave und später als Freigelassener im Haushalt von Kaiser Augustus.
Mit seinen Fabeln wollte Phaedrus die Menschen erfreuen, aber auch belehren. So schreibt er in seinen Fabeln Tieren menschliche Eigenschaften zu, damit die Leser über ihr eigenes Verhalten nachdenken. Bekannt sind zum Beispiel seine Fabeln „Der Wolf und das Lamm", „Der Fuchs und der Rabe" oder „Der Frosch und der Ochse".

Seite 30–31

Aufgabe 1:

Ausgangssituation	→ Spieler und Gegenspieler erscheinen
Aktion	→ die Handlung und wörtliche Rede eines Tieres beginnen
Reaktion	→ die Gegenhandlung und Gegenrede eines anderen Tieres folgen
Lösung/Wendepunkt	→ die Lehre/Moral wird genannt
Ergebnis	→ eine plötzliche Veränderung bringt die Fabel zu einem Ende

Aufgabe 2:

2 Das Wasser wollte sie daraus holen. Sie konnte nicht, der Eimer war zu schwer. Sie konnte ihn auch nicht zu sich neigen und so ihren Durst stillen.
4 Das Wasser wuchs, das Gestein versank. So konnte die Krähe Wasser trinken.
5 In dieser Geschichte erkenne, dass Wissen die Stärke besiegt: Mit Wissen überwindet man manche Not, die man mit Stärke nicht überwinden kann.
1 Wegen großem Durst kam eine Krähe zum Wasser, in einem Eimer sah sie es.
3 Diese Hilfe dachte sie sich aus: Viele Steine warf sie in den Eimer.

Aufgabe 3:
1 Ausgangssituation; 2 Aktion; 3 Reaktion; 4 Lösung/Wendepunkt; 5 Ergebnis

Aufgabe 4:
☒ Fabeln enthalten eine Lehre, die häufig als Moral am Ende des Geschehens zusammengefasst wird. Aus ihr soll der Leser Schlüsse für sein eigenes Verhalten ziehen.

Aufgabe 5:
☒ Sparsamkeit ist eine Tugend, solange man an ihr nicht verhungert.
Begründung: Die Kröte spart an ihrem Essen so sehr, dass sie fast verhungert.

Aufgabe 6:
Beispiellösung

Die **geizige** Kröte

Seite 32–33

Aufgaben 1 und 2:
Redebegleitsatz; Rede des Kuckucks (rot);
Rede des Staren (blau)

Christian Fürchtegott Gellert
Der Kuckuck

Der Kuckuck sprach mit einem Star,
der aus der Stadt entflohen war.
„Was spricht man", fing er an zu schreien,
„Was spricht man in der Stadt von unsern Melodeien?
„Was spricht man von der Nachtigall?"
„Die ganze Stadt lobt ihre Lieder."
„Und von der Lerche?", rief er wieder.
„Die halbe Stadt lobt ihrer Stimme Schall."
„Und von der Amsel?", fuhr er fort.
„Auch diese lobt man hier und dort."
„Ich muss dich doch noch etwas fragen."
Was", rief er, „spricht man denn von mir?"
„Das", sprach der Star, „das weiß ich nicht zu sagen,
denn keine Seele red't von dir."
„So will ich", fuhr er fort, „mich an dem Undank rächen,
und ewig von mir selber sprechen."

Aufgabe 3:
Beispiellösung

Er fing an zu schreien: „Was spricht man in der Stadt von unsern Melodeien? Was spricht man von der Nachtigall?" Er fuhr fort: „So will ich mich an dem Undank rächen, und ewig von mir selber sprechen."

Aufgaben 4 und 5:
Individuelle Schülerlösungen

Seite 34–35

Aufgabe 1:
Fabeln handeln meist von …
☐ berühmten Persönlichkeiten.
☒ Tieren mit menschlichen Eigenschaften.
☐ guten Feen, bösen Hexen und Prinzessinen

Am Ende einer Fabel steht …
☐ ein Lösungswort.
☐ ein Satz wie „Und sie lebten glücklich bis an ihr Ende."
☒ eine Lehre oder Moral.

Aus einer Fabel lernt man, …
☐ wie sich Tiere in ihrem Lebensraum verhalten.
☐ wie sich Menschen Tieren gegenüber verhalten.
☒ wie man sich selbst verhalten soll.

Fabeln …
☒ sind kurze Erzählungen.
☐ schließen mit einem Happy End.
☐ haben keine wörtliche Rede.

Aufgaben 2 und 3:
Beispiellösung

Aesop
Der Wolf und der Storch
Ein gieriger Wolf fraß einmal so schnell, dass ihm ein großer Knochen im Hals stecken blieb. Der Wolf heulte laut: **„Oh, wer kann mir helfen?"**
Ein Storch, der zufällig vorbeiging, fragte den Wolf: **„Was ist denn mit dir passiert?"** – **„Ein Knochen ist mir im Hals stecken geblieben"**, jammerte der Wolf, **„Schau nach, ob du ihn siehst!"**
Neugierig schaute der Storch in den Rachen des Wolfes.
„Ich kann ihn sehen", sagte er, **„was soll ich jetzt machen?"**
„Hol ihn heraus! Du sollst auch eine Belohnung haben, wenn du mir hilfst", bettelte der Wolf mit weinerlicher Stimme.
„Wird gemacht", klapperte der Storch und steckte seinen Kopf in den Rachen des Wolfes. Schon bald hatte er den Knochen herausgeholt.

Aufgabe 4:
Der Wolf ist ein Beispiel für **Dankbarkeit**.
Begründung: Er verspricht dem Storch eine Belohnung.

Der Storch ist ein Beispiel für **Hilfsbereitschaft**.
Begründung: Er holt den Knochen aus dem Hals des Wolfes.

Aufgaben 5 und 6:
Individuelle Schülerlösungen

Seite 36–37

Aufgabe 1:
In dem Diagramm geht es darum, **wie wichtig Medien für Mädchen und für Jungen sind.**
Es handelt sich bei dem Diagramm **um ein Balkendiagramm.**
Die x-Achse zeigt **die Prozentzahlen.**
Die y-Achse zeigt **die einzelnen Medien.**
Befragt wurden **Mädchen und Jungen.**
Gleich wichtig ist **die Internetnutzung.**
Für Mädchen ist wichtiger **Musik zu hören, das Handy zu nutzen, Radio zu hören und Bücher zu lesen.**

Aufgabe 2:
Die meisten Mädchen besitzen einen **CD-Player**, dagegen haben die meisten Jungen eine **Spielekonsole** oder einen **CD-Player**. Nur beim **CD-Player** haben die Jungen seltener ein Gerät als die Mädchen, genau gleich ist bei Mädchen und Jungen die Häufigkeit des Besitzes eines **DVD-Players.** Der größte Unterschied im Gerätebesitz besteht bei der **Spielekonsole** mit **46** Prozent zu **55** Prozent. Fast die Hälfte aller Mädchen und Jungen hat ein **Handy/Smartphone**, das genaue Verhältnis ist **49** Prozent für Mädchen und **50** Prozent für Jungen.

Aufgabe 3:

Besitz eines Fernsehgerätes bei Mädchen

Besitz eines Handys/Smartphones bei Jungen

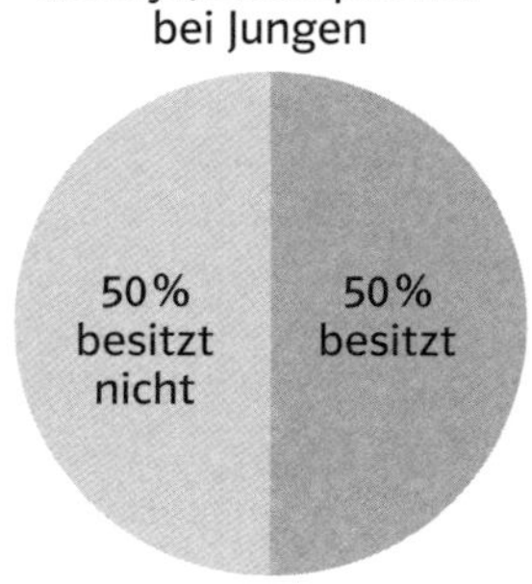

Seite 38–39

Aufgabe 1:
The Wire → Abenteuerserie
Alarm für Cobra 11 → Actionserie
Gute Zeiten Schlechte Zeiten → Familienserie
Die Simpsons → Zeichentrickserie
Das Haus Anubis → Mysterieserie
Berlin – Tag und Nacht → Doku-Soap
The Voice of Germany → Castingshow

Aufgabe 2:
Fußballmannschaft, sieben, Zeichentrickserie, Trainer und Fußballplatz, beste Mannschaft, Sport und Freundschaft

Aufgabe 3:
Die Sendung mit der Maus
Begründung: In der „Sendung mit der Maus“ wird auf unterhaltsame Art erklärt, wie Dinge des Alltags funktionieren.

Aufgabe 4:
richtig, nicht im Text, richtig, richtig, falsch, richtig, falsch

Aufgabe 5:
Das Fernsehen hat einen großen Vorteil bei der Wissensvermittlung.
Kinder machen gern selbst mit.

Seite 40–41

Aufgabe 1:
Beispiellösung

Junge Nachwuchssänger

Aufgabe 2:
Welche Sendung wird im Text beschrieben? → The Voice Kids
Wer tritt in der Sendung auf? → Nachwuchskünstler
Was machen die Künstler auf der Bühne? → Singen
Wer gehört zur Jury? → Profimusiker
Zu welcher Serienart gehört die Sendung? → Castingshow

Aufgabe 3:
Beispiellösung

1. Was in der Show passiert
2. Die Jurymitglieder
3. Das Ziel der Show

Aufgabe 4:
Beispiellösung

Es treten Kinder mit faszinierenden Stimmen auf.
Die Jurymitglieder sind Profimusiker.
Die Kandidaten werden nicht beleidigt oder bloßgestellt.

Aufgabe 5:
Eine Castingshow ist eine Sendung, bei der junge Künstler gesucht werden.
Ein Coach ist so etwas wie ein persönlicher Trainer.
Ein Team ist eine Mannschaft.

Aufgabe 6:
Bild 1: Nah
Bild 2: Halbtotale
Bild 3: Groß

Aufgabe 7:
1. Bild: Untersicht: die Peron wirkt groß und stark
2. Bild: Aufsicht: die Person wirkt klein und verletzlich

Seite 42–43

Aufgabe 1:
Das Diagramm zeigt, wie beliebt Castingshows bei Mädchen und bei Jungen sind.
Es handelt sich um ein Balkendiagramm.
Die x-Achse zeigt die Prozentzahlen.
Die y-Achse zeigt die einzelnen Castingsendungen.
Befragt wurden Mädchen und Jungen.
Das Diagramm stammt aus der JIM-Studie von 2011.

Aufgabe 2:
Beispiellösung

Das Diagramm zeigt, dass Castingshows bei Mädchen viel beliebte sind als bei Jungen. „Deutschland sucht den Superstar“ ist insgesamt am beliebtesten. „Germany's Next Topmodel“ mögen Mädchen lieber als Jungen, „Das Supertalent“ mögen Jungen lieber als Mädchen.

Aufgabe 3:
Beispiellösung

Im Text geht es darum, wie Nachrichtensendungen für Kinder gestaltet sind.

Aufgabe 4:
richtig, nicht im Text, falsch, nicht im Text, falsch, richtig

Aufgabe 5:
Die Inhalte werden in einfacher und verständlicher Sprache erklärt.
Auch die Kinder werden in das Nachrichtengeschehen eingebunden.

Seite 44–45

Aufgaben 1–3:
Der Apfelbaum ist aufgeblüht. a
Nun summen alle Bienen. b
Die Meise singt ein Meisenlied. a
Der Frühling ist erschienen. b
Die Sonne wärmt den Apfelbaum. c
Der Mond scheint auf und nieder. d
Die kleine Meise singt im Traum c
die Apfelblütenlieder. d
Die Bienen schwärmen Tag für Tag e
und naschen von den Blüten. f
Mag sie der Mai von Hagelschlag e
und hartem Frost behüten. f
Der Apfelbaum ist aufgeblüht. g
Der Winter ist vorbei. h
Mit Blütenduft und Meisenlied g
erscheint der junge Mai. h

Aufgabe 4:
Kreuzreim

Aufgabe 5:
Das Gedicht **„Der Apfelbaum ist aufgeblüht"** von **James Krüss** besteht aus **16** Versen. Inhaltlich geht es um **den Beginn des Frühlings und das Erwachen der Pflanzen.**

Aufgabe 6:
Hören: „summen alle Bienen", „Die Meise singt ein Meisenlied", „Die kleine Meise singt Apfelblütenlieder"
Fühlen: „Die Sonne wärmt"
Riechen: „Blütenduft"
Schmecken: „Die Bienen naschen Blüten"
Sehen: „Der Mond scheint"

Aufgabe 7:
- ☒ In dem Gedicht „Der Apfelbaum ist aufgeblüht" von James Krüss herrscht eine helle und fröhliche Stimmung.
- ☒ Der Dichter verwendet Verben, die typische Vorgänge im Frühling bezeichnen, wie z. B. blühen, singen, summen, wärmen und schwärmen. Dies wirkt vergnügt.

Aufgabe 8:
Individuelle Schülerlösung

Seite 46–47

Aufgabe 1:
sechs
Die Bäume räkeln sich. Die Fenster staunen. (Zeile 2), Die Welt wird frisch gestrichen. (Zeile 7), Die Seelen laufen Stelzen (Zeile 9), Die Gärten sind nur noch zum Scheine kahl (Zeile 13), Die Sonne heizt und nimmt am Winter Rache (Zeile 14)

Aufgabe 2:
Beispiellösung

1. Personifikation: „Die Bäume räkeln sich."
- die Bäume
- Sie räkeln oder strecken sich, als wären sie gerade aufgewacht und noch müde.

2. Personifikation: „Die Sonne heizt."
- die Sonne
- Sie wärmt wieder, als würde sie die Heizung anstellen, um die Kälte zu vertreiben.

Aufgabe 3:

Vergleich	Bestandteile des Vergleichs	Gemeinsamkeit
Die Luft ist weich, **als** wäre sie aus Daunen. (Zeile 3) Vergleich	Luft, Daunen (Federn junger Vögel)	Beides ist sehr weich, nicht auf der Haut zu spüren

Aufgabe 4:
Beispiellösung

Wort	Vergleich
weich wie	Daunen, Federn, Knetgummi
staunen wie	ein Kind an Weihnachten, Touristen vor den Pyramiden, Besucher am Grand Canyon
kahl wie	Glatze, Felsen, abgeerntetes Feld

Aufgabe 5:
Beispiellösung

Blumenmeer: eine Menge von Blumen, die **wie das Meer eine riesige Fläche bedecken**
Blätterkleid: die Blätter eines Baumes, die **den Baum wie ein Kleid umhüllen**
Bienenkönigin: die größte und stärkste Biene, die **wie ein Staatsoberhaupt den Fortbestand des Bienenvolkes sichert**

Seite 48–49

Aufgabe 1:
Es spricht eine Gruppe von Kindern.

Aufgabe 2:
Beispiellösung

Die Sprecher in „An den Mai" wünschen sich, dass die Bäume wieder grün werden, die Veilchen am Bach blühen, man die Blümchen wieder sehen und spazieren gehen kann. Er wünscht sich auch, dass der Mai kommt, Veilchen, Nachtigallen und Kuckucks mitbringt.

Aufgabe 3:
passende Adjektive: sehnsüchtig, heiter, schwärmerisch

Aufgabe 4:
Beispiellösung

Lautstärke: Man sollte das Gedicht **laut und deutlich** lesen, weil **es eine Bitte an den Mai enthält, die gehört werden soll.**
Tonhöhe: Man sollte das Gedicht mit **glockenheller** Stimme lesen, weil das Gedicht eine heitere und positive Stimmung ausstrahlt.
Geschwindigkeit: Man sollte das Gedicht **schneller werdend** lesen, weil **so die Bitte deutlich herauskommt.**

Aufgabe 5:

. / . / . / .
Komm, lieber Mai, und mache
. / . / . /
Die Bäume wieder grün,
. / . / . / .
Und lass mir an dem Bache
. / . / . /
Die kleinen Veilchen blühn!
. / . / . / .
Wie möchten wir so gerne
. / . / . /
Ein Blümchen wieder seh'n,
. / . / . / .
Ach, lieber Mai, wie gerne
. / . / . /
Einmal spazieren geh'n.
(...)
. / . / . / .
Ach, wenn's doch erst gelinder
. / . / . /
Und grüner draußen wär!

. / . / . / .
Komm, lieber Mai, wir Kinder,
. / . / . /
Wir bitten gar zu sehr!
. / . / . / .
O komm, und bring vor allem
. / . / . /
Uns viele Veilchen mit!
. / . / . / .
Bring auch viel Nachtigallen
. / . / . /
Und schöne Kuckucks mit.

In dem Gedicht von Christian A. Overbeck
- ☒ beginnt jeder Vers mit einer unbetonten Silbe.
- ☒ wechseln sich betonte und unbetonte Silben in jedem Vers regelmäßig ab.
- ☒ enden die Verse abwechselnd auf einer unbetonten und einer betonten Silbe.

Aufgabe 6:
Individuelle Schülerlösung

Seite 50–51

Aufgabe 1:
gesuchtes Wort ist: **Löwenzahn**

Aufgabe 2:
Das Gedicht „**Warum sind Löwenzahnblüten gelb?**" von **Reiner Kunze** besteht aus **drei** Strophen von jeweils **vier** Versen.
Jede Strophe beginnt mit einer **Frage**. Darauf folgt die **Antwort**.
Besonders auffallend ist, dass diese **Antwort** in jeder Strophe auf zwei **Sätze** verteilt ist. Dadurch macht man beim Lesen automatisch eine Pause. Außerdem ergibt sich ein Überraschungseffekt.

Aufgabe 3:
Kind – sind; Wiese – Grüße; Kind – Wind
Nicht alle Verse reimen sich, in jeder Stropfe gibt es jedoch zwei Verse, die sich reimen. Dabei handelt es sich um den umarmenden Reim.

Aufgabe 4:
Beispiellösung

sprachliches Bild	wortwörtliche Erklärung	Bedeutung
Löwenzahnblüten sind Briefkästen (Zeile 3–4) Metapher	Sie sind gelb und enthalten etwas.	Mit den Löwenzahnblüten kann etwas weitergegeben werden.
die Wiese hat die Briefkästen aufgestellt (Zeile 6) Personifikation	Die Wiese hat ihre Pläne mit dem Löwenzahn und handelt.	Die Natur kümmert sich darum, das sie weiter wächst.
die Wiese steckt ihre Grüße in die Briefkästen (Zeile 7–8) Personifikation	Die Blüten können die Wiese weiter vergrößern.	Die Natur schenkt Leben und Freude.

Aufgabe 5:
Beispiellösung

Es handelt sich um eine Metapher, da sowohl der Biene als auch dem Wind die Tätigkeiten eines Briefträgers zugeordnet werden. Biene und Wind verbreiten das, was der Löwenzahn weitergeben kann. Die Blüten sind zur Fortpflanzung und Verbreitung der Pflanzen da. Ferner verwendet der Dichter kein Vergleichswort.

Aufgabe 6:

. / . / . . / . /
Warum sind Löwenzahnblüten gelb?
/ . / . /
Das weiß jedes Kind.
. / . . / .
Weil Löwenzahnblüten
/ . . /
Briefkästen sind.

. / . / . . / . /
Wer hat die Briefkästen aufgestellt?
. / . . / .
Die grasgrüne Wiese.
. / . . / . .
Sie steckt in die Briefkästen
/ . . / .
all ihre Grüße.

. / . . / . / . /
Wem werden die Grüße zugestellt?
/ . / . /
Das weiß jedes Kind.
/ . . /
Briefträger sind
/ . . /
Biene und Wind.

Aufgaben 7 und 8:
Individuelle Schülerlösungen

Seite 52–53

Aufgabe 1:
Ich musch in der Schule über Pablo Picascho reden. Aber ich weisch eigentlich gar nicht viel über den Künschtler. Wir haben überm Eschtisch ein Bild von ihm aufgehängt. Dasch finde ich ganz schön häschlich. Allesch ischt tierisch durcheinander und ich kann kein bischchen erkennen. Esch

heischt, dasch Picascho die Menschen, Dinge und Landschaften auf scheinen Bildern in ihre Einzelteile zerlegt und dann neu wieder zuschammengeschetzt hat. Dasch nennt man Kunscht.

Aufgabe 2:

s	ss	ß
Künstler	muss	weiß
Das	Picasso	heißt
alles	Esstisch	
ist	hässlich	
es	bisschen	
seinen	dass	
zusammengesetzt	Picasso	
das		
Kunst		

Aufgabe 3:

nass bloß essen lesen flüssig schließen
hässlich Brause blass heiß nießen

Aufgabe 4:

das Schlos/Schloß/Schloss — die Schlös ser
das Glaß/Glas/Glass — die Glä ser
der Fuß/Fus/Fuss — die Fü ße
der Schluss/Schluß/Schlus — die Schlüs se
das Faß/Fas/Fass — die Fäs ser
das Gas/Gass/Gaß — die Ga se
der Gruss/Grus/Gruß — die Grü ße

Aufgabe 5:

Ich würde gern ins Kunstmuseum nach New York reisen.
Die Bauarbeiter reißen den Anbau des Museums ein.
Die Schüler lasen die ganze Stunde in einem Buch über moderne Kunst.
Manche Künstler lassen sich von der Natur inspirieren.
Die Skulpturen werden auf dem Rasen ausgestellt.
Das Gemälde zeigt Pferde unterschiedlicher Rassen.

Aufgabe 6:

	stimmhafter s-Laut	stimmloser s-Laut
reisen	speisen, kreisen, Eisen	–
reißen	–	beißen, schmeißen, heißen
Rasen	blasen, grasen, Hasen	–
lassen	–	fassen, Massen, passen

Seite 54–55

Aufgabe 1:

das Gegenteil von gesund — krank – kränker
das Gegenteil von Morgen — Abend – die Abende
das Gegenteil von dick — dünn – dünner
das Gegenteil von Nacht — Tage – die Tage
das Gegenteil von zahm — wild – wilder
das Gegenteil von schwach — stark – stärker

Aufgabe 2:

Tierhaut — Fell – die Fel le
heftiger Stoß mit dem Fuß — Tritt – die Trit te
großes Wasserfahrzeug — Schiff – die Schif fe
unerwartetes Ereignis — Zufall – die Zu fäl le
einzelner, grüner Pflanzenteil — Blatt – die Blät ter
Gewebe für Kleider — Stoff – die Stof fe

Aufgabe 3:

Der Künstler beginnt zu malen und vergisst dabei zu essen.
be gin nen, ver ges sen, es sen

Das Bild soll an einen Frühlingsmorgen erinnern.
sol len, er in nern

Der Kritiker hofft, die Gedanken des Künstlers zu kennen.
hof fen, ken nen

Der Kunstsammler kommt, um die neuesten Werke zu bestellen.
sam meln, kom men, be stel len

Beim Malen muss man aufpassen, den Farbtopf nicht umzuschütten.
müs sen, auf pas sen, um schüt ten

Ein Künstler schafft es, die Gesichtszüge einer Person genau zu treffen.
schaf fen, tref fen

Aufgabe 4:

Beispiellösung

Wort	Ableitungen	Wortstamm
träumen	traumhaft, Albtraum	traum
Neuneck	neunmal, Neuner	neun
quälen	Qual, qualvoll	qual
häufig	Haufen, haufenweise	hauf
feuerrot	Feuer, feurig	feuer
freuen	Freude, freudvoll	freud
Ewigkeit	ewig, Ewigkeit	ewig
schädlich	Schaden, Schadenersatz	schad
Jäger	Jagd, jagen	jag
drängen	Drang, drangvoll	drang
Kreuz	bekreuzigen, Kreuzband	kreuz
Gemälde	Maler, gemalt	mal
Räume	Raum, Raumschiff	raum

Aufgabe 5:

Malen wird heutzutage auf verschiedene Weise ausgeübt, nicht nur in geschlossenen Räumen, sondern auch im Freien. Manche Künstler malen auf hohen Gebäuden, manche zeichnen in der Natur. Die Motive sind häufig Fassaden oder auch Denkmäler. Viele Künstler wählen auch Personen als Motiv. Das lange Modellsitzen ist sehr anstrengend, aber die Freude über das fertige Gemälde ist oft groß.

Seite 56–57

Aufgabe 1:
Eine Lesebrille ist auch im Museum eine gute Sehhilfe.
Die Schülerin hat viele Farbtuben in ihrem Malkasten.
Sie malt am liebsten zitronengelbe Farbkleckse auf.
Ein Museumsbesuch ist oft ein Hochgenuss.

Aufgabe 2:

Zusammengesetztes Wort	1. Wort	2. Wort
Lesebrille	lesen (Verb)	Brille (Nomen)
Sehhilfe	sehen (Verb)	Hilfe (Nomen)
Farbtube	Farbe (Nomen)	Tube (Nomen)
Malkasten	malen (Verb)	Kasten (Nomen)
zitronengelb	Zitrone (Nomen)	gelb (Adjektiv)
Farbklecks	malen (Verb)	Klecks (Nomen)
Museumsbesuch	Museum (Nomen)	Besuch (Nomen)
Hochgenuss	hoch (Adjektiv)	Genuss (Nomen)

Aufgabe 3:
Ölfarbenklecks, Kunstgewerbemuseum, Kontrabassspieler, Laientheatergruppe, Holzkohlezeichnung, Malkastendeckel, Sonnenblumenwiese, Metallbilderrahmen, Tropfsteinhöhle, Marktstandverkäufer

Aufgabe 4:
Beispiellösung

erfinden, Aufmerksamkeit, erstellen, erschließen, Erfindung, bestellen, Bestellung, Bewundern, Bewunderung, beschließen, bemerken, Bemerkung, abstellen, abfinden, Abfindung, abschließbar, abschließen, aufstellen, Aufstellung, auffindbar, auffinden, aufschließen, aufmerken, aufmerksam, anstellen, Anstellung, anschließen, anmerken, Anmerkung, verstellbar, verstellen, verwunderlich, Verwunderung, verwundern, verschließbar, verschließen, einstellbar, einstellen, Einstellung, einstellig, einfinden, einschließlich, einschließen, einbilden, Einbildung, Gebilde

Seite 58–59

Aufgabe 1:
Es gibt keine Riesen, die reife Feigen lieben.
Viele fleißige Bienen fliegen mit Leichtigkeit von Stiefmütterchen zu Stiefmütterchen.
Zehn zierliche Ziegen schieben eifrig Kieselsteine über die Wiese.

Aufgabe 2:
Vater, **F**euer, **F**abrik, **V**ieh, **V**ers, **F**uchs, **Ph**arao
Vogel, **F**loh, **V**iertel, **V**eilchen, **F**asan, **V**olk

Aufgabe 3:
Kohle, Spiegel, Meer, Haare, Bühne, Leere und Lehre, Mohr und Moor, Brief, Fee

Aufgabe 4:
Text, Büchse, Boxer, Luchs, Hexe, Wachs, Axt, Taxi

Aufgabe 5:
Mit leichtigkeit (Leichtigkeit) führt der maler (Maler) den pinsel (Pinsel) über das papier (Papier). Was dann entsteht, ist etwas einzigartiges (Einzigartiges), das die gedanken (Gedanken) und die gefühle (Gefühle) des malers (Malers) zum ausdruck (Ausdruck) bringt. Die kritiker (Kritiker) haben es sich zur aufgabe (Aufgabe) gemacht, die hintergründe (Hintergründe) bei der entstehung (Entstehung) eines bildes (Bildes) zu entdecken. Doch ist es immer etwas besonderes (Besonderes), was den künstler (Künstler) bei der gestaltung (Gestaltung) bewegt haben muss?

Aufgabe 6:
Wer hat meine Pinsel und die Farben gesehen? Ich kann ohne meine Arbeitsmaterialien nicht anfangen. Wenn es doch bloß nicht so unordentlich bei mir wäre, dann würde ich nicht ständig meine Sachen suchen müssen. Ich werde wohl erst einmal eine Aufräumaktion starten.

Seite 60–61

Aufgabe 1:
Liebe Wendy, lieber Mattes,
Ich brauche euch dringend. Ihr helft mir vielleicht.
Ich hatte einen Drohbrief im Briefkasten. Man will Beppo an den Kragen. „In einer Woche muss der blöde Köter weg sein."
Liebe Grüße auch an eure Eltern
Eure Tante Antonia

Aufgabe 2:

Satz	Satzglied 1	Satzglied 2	Satzglied 3	Satzglied 4
gelb	Ich	brauche	euch	dringend
blau	Ihr	helft	mir	vielleicht
rot	Ich	hatte	einen Drohbrief	im Briefkasten
hellgrün	Man	will	Beppo	an den Kragen
dunkelgrün	In einer Woche	muss ... sein (Prädikat ist zweiteilig)	der blöde Köter	weg

Aufgabe 3:
Subjekt (grün); Prädikat (rot)

Liebe / Tante Antonia, /
hier / schreibt / deine Nichte Wendy. Mattes und ich / helfen / dir und Beppo / auf alle Fälle. Morgen Nachmittag / fahren / wir / zu dir. Gegen 18 Uhr / werden / wir / ankommen. Von den anderen / soll / ich / liebe Grüße / ausrichten.
Bis morgen /
Wendy

Aufgabe 4:
Gestern kam **der Drohbrief** mit der Post. Abgestempelt wurde **er** im Nachbarort. Wenn **ich** nur wüsste, von wem **er** ist. Hoffentlich könnt **ihr** mir helfen.

Aufgabe 5:
Wir **bewachen** am besten den Hund. Dabei **können** wir auch den Briefkasten **beobachten**. Wir **reden** mit den Leuten im Dorf. Dabei **fällt** uns möglicherweise etwas **auf**.

Seite 62–63

Aufgaben 1–3:
Akkusativobjekt (blau); Dativobjekt (gelb)

Wendy und Mattes wollen die Dorfbewohner befragen. Sie wollen die Arbeit teilen und verschiedene Adressen getrennt aufsuchen. Wendy gibt Mattes ein Stück Kreide. Damit soll er einen geheimen Code malen: Ein M und ein W. So weiß Wendy, welches Haus er schon besucht hat. Die Idee gefällt beiden sehr gut. Sie starten ihre Tour.

Aufgabe 4:

Wen fand Wendy komisch?	Den Förster.
Wen beschuldigte die Nachbarin?	Den armen Hund.
Wen konnte Mattes nicht befragen?	Den Verkäufer.

Aufgabe 5:
Akkusativobjekte

Aufgabe 6:
Briefkasten am Marktplatz

Aufgabe 7:
Adverbialbestimmungen
der Zeit („Wann?") (rot); des Ortes („Wo?") (blau); des Grundes („Warum?") (grün); der Art und Weise („Wie?") (gelb)

Um 14 Uhr stehen Wendy und Mattes am Parkplatz. Ein Zettel klebt am Stoppschild. Wenig später erreichen sie die Bäckerei. Dort liegt ein Zettel auf der Theke, aber die Verkäuferin hat wegen der vielen Kundschaft nichts gesehen. Der Zettel führt die beiden auf den alten Friedhof. Aufmerksam untersuchen sie jeden Winkel und finden dank Wendys scharfem Blick einen weiteren Zettel auf einer Grableuchte. Sie sollen das Schwimmbad am anderen Ende des Dorfes aufsuchen. Das hat allerdings aufgrund von Bauarbeiten geschlossen. An einem Strauch neben dem Eingang hängt der nächste Zettel. Vom Schwimmbad gehen sie ziemlich erschöpft zur Eisdiele, wo jemand einen Zettel unter einem Tischbein versteckt hat. Dieser letzte Zettel führt sie zurück zum Haus der Tante. Wendy und Mattes ärgern sich – war das etwa eine Falle?

Seite 64–65

Aufgabe 1:
Mittwoch, den 15.08.
Liebes Tagebuch!
Die Nachbarin **ist** ja leider in den Urlaub **gefahren**, deshalb **haben** wir gleich den Förster **beobachtet**. Er **ist** mit seinem Hund im Wald **spazieren gegangen**. Den Hund **hat** er wirklich sehr nett **behandelt**. Irgendwann **ist** er auf einen Hochsitz **gestiegen**. Dort **hat** er sein Handy aus der Tasche **genommen** und **hat** jemanden **angerufen**. Wir **haben** uns direkt unter dem Hochsitz im Gebüsch **versteckt**. Von dem Gespräch **haben** wir ein paar Wörter **verstanden**. Es **ist** auch das Wort „Beppo" **gefallen**.

Aufgabe 2:
Mit geliehenen Fahrrädern **haben** wir schließlich den Verkäufer des Supermarktes auf seiner Auslieferungstour **verfolgt**. Er **hat** acht Kunden **besucht**. Am Schluss **ist** er in den Nachbarort **gefahren**. Aber auf der ganzen Strecke **hat** er nichts in einen Briefkasten **geworfen** oder **versteckte** einen Zettel.

Aufgabe 3:
Plusquamperfekt (blau); Präteritum (rot)

Nachdem Wendy beim Briefkasten gewesen war, kam sie mit einem Brief in der Hand in die Küche zurück. Tante Antonia hatte einen neuen Drohbrief und alle schauten ihn nun genau an. Nachdem die Geschwister den Text entschlüsselt hatten, las die Tante laut vor: „Noch drei Tage Frist". Dann ging sie aus der Küche und Wendy und Mattes steckten die Köpfe zusammen, um sich zu beraten. Ihre Tante hatte den Drohbrief doch selbst eingeworfen! Als Tante Antonia das Haus verlassen hatte, holten sie ihre Fahrräder und folgten ihr unauffällig.

Aufgabe 4:
Als Tante Antonia den Förster **aufgesucht hatte**, wurde der Verdacht der Kinder immer größer.
Nachdem die Tante und der Förster laut **gestritten hatten**, trennten sie sich wieder.
Tante Antonia stieg in den Lieferwagen des Verkäufers, der an der Kreuzung **angehalten hatte**.
Weil der Wagen zu schnell gefahren war, **hatten** die Kinder die Spur **verloren**.

Seite 66–67

Aufgabe 1:
Die Kinder werden etwas finden, **denn** sie gehen planvoll vor.
Das Haus ist ziemlich groß, **aber** sie teilen sich die Zimmer auf.
Sie entdecken den Geheimcode, **und** sie finden den Notizblock.
Es gab keine Gefahr für Beppo, **sondern** es ist ein Spiel.
Sollen sie nur mitmachen **oder** sollen sie selbst das Spiel bestimmen?

Aufgabe 2:
Auf dem Notizblock entdecken Wendy und Mattes zwei Telefonnummern, weil jemand beim Schreiben fest aufgedrückt hat. Die beiden Kinder finden heraus, dass es die Telefonnummern des Försters und des Verkäufers sind. Sie rufen den Förster an, damit sie selbst in das Spiel eingreifen können. Der Förster gesteht sofort, da ihm alles schon sehr unangenehm ist. Um es Tante Antonia heimzuzahlen, will er jetzt den Kindern helfen. Weil die Kinder ihn darum bitten, wird er Beppo für kurze Zeit verstecken.

Aufgabe 3:
Nebensatz; Konjunktion

Wir bringen Beppo am besten gleich zum Förster, damit Antonia nichts mitbekommt. Antonia sagen wir, dass Beppo nicht im Haus war.
Damit wir den Förster noch erreichen, sollten wir sofort aufbrechen. Wir lassen Beppos Leine hier, weil das zu einer Entführung passen würde.

Aufgabe 4:
SR Tante Antonia kam nach Hause und sie rief Beppo.
SG Die Kinder erklärten der Tante, dass sie den Hund nicht gesehen hätten.
SG Antonia war sehr aufgeregt, denn sie hatte Angst um ihren Liebling.
SG Sie gestand den Kindern, dass sie sich alles ausgedacht hatte.
SG Weil Wendy und Mattes die Ferien nicht bei ihrer Tante verbringen wollten, wollte sie sie mit einer spannenden Geschichte anlocken.
SR Der Verkäufer war auf die Idee gekommen, er hatte die Briefe im Nachbarort eingeworfen.
SR Da lachten die Kinder und sie verrieten ihrer Tante sofort Beppos Aufenthaltsort.
SG Am Abend gab es für alle Beteiligten ein leckeres Abendessen und auch Beppo wurde mit seiner Lieblingsspeise bedacht.

Inhalte des Online-Bereichs (Codes)

Klassenarbeiten

Seite	Beschreibung	Beschreibung im Buch	Code
68	KA 1: Wir planen einen Vorlesewettbewerb – Einen Text überarbeiten	Selbsteinschätzungsbogen	vz2y5k
70	KA 2: Was ist passiert? – Sachlich berichten	Selbsteinschätzungsbogen	i2g4ar
72	KA 3: Vorhang auf fürs Familientheater – Die eigene Meinung ausdrücken	Selbsteinschätzungsbogen	v756wu
74	KA 4: Mit List und Tücke – Schriftliches Erzählen	Selbsteinschätzungsbogen	d3s6px
76	KA 5: Fernsehen, Computer & Co. – Sachtexte untersuchen	Selbsteinschätzungsbogen	u7ii53
78	KA 6: Der Wandel der Jahreszeiten – Einen literarischen Text untersuchen	Selbsteinschätzungsbogen	xv9h46

So funktioniert der deutsch.punkt-Code auf www.klett.de/online

Der Code bietet weitere Materialien wie Hörtexte und Arbeitsblätter zum Hörverstehen.
Gehe auf www.klett.de/online und gib dort den Code aus dem Arbeitsheft in die Suchleiste ein.

Selbsteinschät-
zungsbogen
vz2y5k

4 Finde Argumente im Text, warum die Castingshow „The Voice Kids" beim Fernsehpublikum gut ankommt. Schreibe drei Argumente stichpunktartig auf.

5 Im Text sind die englischen Wörter „Castingshow", „Coach" und „Team" zu finden. Erkläre ihre Bedeutung.

Eine Castingshow ist

Ein Coach ist

Ein Team ist

6 Ordne die Kameraeinstellungen den Bildern zu. Verbinde sie durch Striche. → Merke 47

Groß | Nah | Halbtotale

7 Wie könnte sich die Person jeweils fühlen? Notiere Stichpunkte dazu. Achte auf die Kameraperspektive. → Merke 48

Fernsehen überall

Die Arbeitstechnik „Ein Diagramm verstehen und auswerten" im Schülerbuch auf Seite 91 hilft dir weiter.

1 Untersuche das Diagramm. Beantworte dazu die Fragen in der Tabelle.

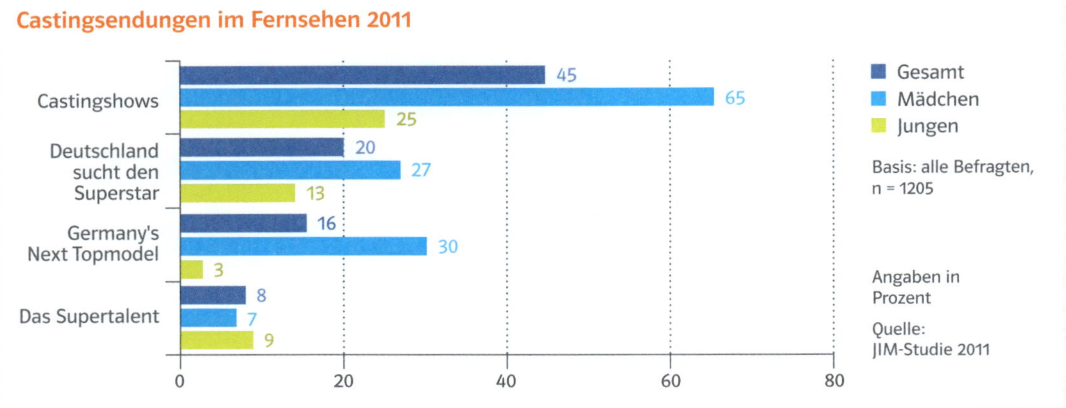

Frage	Antwort
Was zeigt das Diagramm?	
Um welchen Diagramm-Typ handelt es sich?	
Was zeigt die x-Achse?	
Was zeigt die y-Achse?	
Wer wurde befragt?	
Aus welcher Quelle stammt das Diagramm?	

2 Fasse in drei Sätzen zusammen, was du aus dem Diagramm erfährst.

3 Lies den folgenden Text. Formuliere in einem Satz, worum es geht.

____

____

Neues für Kinder

Was in der Welt passiert, interessiert nicht nur Erwachsene, sondern auch Kinder. Allerdings sind Nachrichten im Fernsehen für das junge Publikum oft nicht leicht zu verstehen. Außerdem können Kinder bei negativen Nachrichten, wie Unfällen, Katastrophen oder Kriegen, Angst bekommen. Seit einigen Jahren gibt es deshalb spezielle Nachrichtensendungen für Kinder. Diese Sendungen arbeiten die Nachrichtenthemen kindgerecht auf und vermitteln die Informationen kurz und locker. Dabei werden die Inhalte in einfacher und verständlicher Sprache erklärt und mit entsprechenden Bildern veranschaulicht. Bei der Themenauswahl achten die Nachrichtenredakteure auf Abwechslung zwischen anspruchsvollen politischen und gesellschaftlichen Inhalten sowie leichten oder auch humorvollen Geschichten über Tiere, Sport, Musik, Film und Fernsehen. Damit die Nachrichten für Kinder auch interessant sind, werden die jungen Zuschauer oft selbst in das Nachrichtengeschehen eingebunden und z. B. als Fernsehreporter selbst aktiv.

4 Lies die folgenden Aussagen. Kreuze an, ob sie richtig oder falsch oder nicht im Text zu finden sind.

Aussage			
Auch Kinder interessieren sich für Nachrichten.	☐ richtig	☐ falsch	☐ nicht im Text
Seit zehn Jahren gibt es Nachrichtensendungen für Kinder.	☐ richtig	☐ falsch	☐ nicht im Text
Nachrichtensendungen für Kinder werden nicht einfacher gestaltet.	☐ richtig	☐ falsch	☐ nicht im Text
Beängstigende Nachrichteninhalte werden vermieden.	☐ richtig	☐ falsch	☐ nicht im Text
Nachrichtenthemen werden nur von Redakteuren ausgesucht.	☐ richtig	☐ falsch	☐ nicht im Text
Manchmal sind die Kinder auch selbst Reporter.	☐ richtig	☐ falsch	☐ nicht im Text

5 Verbessere die falschen Aussagen aus Aufgabe 4.

____

____

____

____

____

____

Nun summen alle Bienen

James Krüss

Der Apfelbaum ist aufgeblüht

Der Apfelbaum ist aufgeblüht. Nun summen alle Bienen. Die Meise singt ein Meisenlied. Der Frühling ist erschienen. Die Sonne wärmt den Apfelbaum. Der Mond scheint auf und nieder. Die kleine Meise singt im Traum die Apfelblütenlieder. Die Bienen schwärmen Tag für Tag und naschen von den Blüten. Mag sie der Mai von Hagelschlag und hartem Frost behüten. Der Apfelbaum ist aufgeblüht. Der Winter ist vorbei. Mit Blütenduft und Meisenlied erscheint der junge Mai.

Lies den Text mehrfach, bevor du die Reimwörter markierst.

1 Der Text „Der Apfelbaum ist aufgeblüht“ von James Krüss ist eigentlich ein Gedicht. Markiere die Reimwörter.

2 Schreibe nun das Gedicht auf. Schreibe jeden Vers in eine Zeile.

James Krüss

Der Apfelbaum ist aufgeblüht

Der Apfelbaum ist aufgeblüht. a

Nun

→ Merke 49

3 Kennzeichne in deinem Gedicht das Reimschema mit kleinen Buchstaben (a, b, …).

4 Welche Reimform weist das Gedicht von James Krüss auf? Kreuze an.

→ Merke 49

- [ ] Paarreim
- [ ] Kreuzreim
- [ ] umarmender Reim

5 Wie ist das Gedicht von James Krüss aufgebaut? Ergänze die Lücken.

Das Gedicht ______________________________

von ____________ ______________ besteht aus ________ Versen. Inhaltlich geht es um ______________________________

____

______________________________.

6 In dem Gedicht kann man den Frühling mit allen Sinnen erfahren. Notiere zu jedem Sinneseindruck Beispiele aus dem Text.

Hören: „summen alle Bienen", ______________________________

____

Fühlen: ______________________________

____

Riechen: ______________________________

____

Schmecken: ______________________________

____

Sehen: ______________________________

____

7 Kreuze die Sätze an, die die Stimmung des Gedichtes von James Krüss am besten beschreiben.

- [ ] In dem Gedicht „Der Apfelbaum ist aufgeblüht" von James Krüss herrscht eine helle und fröhliche Stimmung.
- [ ] In dem Gedicht entsteht der Eindruck, dass der Frühling dunkel und traurig ist.
- [ ] Der Dichter verwendet Verben, die typische Vorgänge im Frühling bezeichnen, wie z. B. blühen, singen, summen, wärmen und schwärmen. Dies wirkt vergnügt.
- [ ] Die Erwähnung von Frost und Hagel lassen die Stimmung im ganzen Gedicht bedrohlich wirken.

8 **EXTRA** Schreibe ein Gedicht zum Aufblühen einer Rose. Orientiere dich dazu am Gedicht von James Krüss.

Endlich Frühling!

Erich Kästner

Besagter Lenz[1] ist da

Es ist schon so. Der Frühling kommt in Gang.
Die Bäume räkeln sich. Die Fenster staunen.
Die Luft ist weich, als wäre sie aus Daunen.
Und alles andre ist nicht von Belang.
(…)

Man sollte wieder mal spazierengehn.
Das Blau und Grün und Rot war ganz verblichen.
Der Lenz ist da! Die Welt wird frisch gestrichen.
Die Menschen lächeln, bis sie sich verstehn.

Die Seelen laufen Stelzen durch die Stadt.
Auf dem Balkon stehn Männer ohne Westen
und säen Kresse in die Blumenkästen.
Wohl dem, der solche Blumenkästen hat!

Die Gärten sind nur noch zum Scheine kahl.
Die Sonne heizt und nimmt am Winter Rache.
Es ist zwar jedes Jahr dieselbe Sache,
doch es ist immer wie zum erstenmal.

1 Frühling

→ Merke 50

Schau dir die Bilder genau an, sie helfen dir weiter.

1 Lies das Gedicht und sieh dir die Bilder an. Unterstreiche alle Personifikationen in dem Gedicht. Kreuze an, wie viele es sind.

☐ drei ☐ sechs ☐ neun ☐ zwölf

2 Schreibe zwei Personifikationen aus dem Gedicht heraus. Untersuche sie mithilfe der Fragen.

1. Personifikation: ____________________

- Was wird bildhaft als Person dargestellt? ____________________
- Welche menschliche Eigenschaften oder Handlungen werden genannt?

____

____

2. Personifikation: ______

- Was wird bildhaft als Person dargestellt? ______
- Welche menschliche Eigenschaften oder Handlungen werden genannt?

______

______

3 Im ersten Vers befindet sich ein Vergleich. Erkläre, was er bedeutet. Fülle dazu die Tabelle aus. → Merke 51

Vergleich	Bestandteile des Vergleichs	Gemeinsamkeit
Die Luft ist weich, als wäre sie aus Daunen. (Zeile 3)		

4 Finde zu den folgenden Wörtern jeweils drei passende Vergleiche.

Wort	Vergleich
weich wie	Daunen
staunen wie	
kahl wie	

5 Erkläre die folgenden Metaphern mit eigenen Worten.

Baumkrone: die obersten Zweige und Blätter, bilden die Spitze des Baumes, sie sehen so aus, wie eine Krone auf einem Kopf

Blumenmeer: eine Menge von Blumen, die ______

______

Blätterkleid: die Blätter eines Baumes, die ______

______

Bienenkönigin: die größte und stärkste Biene, die ______

______

Komm, lieber Mai!

Sieh dir beide Strophen genau an.

1 Lies das Gedicht „An den Mai“. Notiere, wer darin spricht.

____

Christian Adolph Overbeck

An den Mai

Komm, lieber Mai, und mache
Die Bäume wieder grün,
Und lass uns an dem Bache
Die kleinen Veilchen blühn!
Wie möchten wir so gerne
Ein Blümchen wieder seh'n,
Ach, lieber Mai, wie gerne
Einmal spazieren geh'n.
(…)
Ach, wenn's doch erst gelinder[1]
Und grüner draußen wär!
Komm, lieber Mai, wir Kinder,
Wir bitten gar zu sehr!
O komm, und bring vor allem
Uns viele Veilchen mit!
Bring auch viel Nachtigallen
Und schöne Kuckucks mit.

1 hier: mild

2 Warum soll der Mai kommen? Notiere alle Dinge, die sich die Sprecher wünschen.

Die Sprecher in „An den Mai“ wünschen sich, dass ______________________

____

____

____

____

____

____

____

3 Welche Stimmung herrscht in dem Gedicht „An den Mai“? Kreise die passenden Adjektive ein.

witzig | betrübt | aussichtslos | sehnsüchtig | heiter

andächtig | schwärmerisch | gereizt | verzweifelt

4 Lies das Gedicht mehrmals laut. Überprüfe mithilfe deiner Ergebnisse aus den Aufgaben 1 bis 3, welche Sprechweise dazu passt. Ergänze die folgenden Sätze.

flüsternd | mit ansteigender Lautstärke | still | laut und deutlich | brüllend

Lautstärke: Man sollte das Gedicht ______________________ lesen,

weil ______________________

____

tiefer | glockenheller | hoher | tiefer werdender | schriller

Tonhöhe: Man sollte das Gedicht mit ______________________ Stimme lesen,

weil ______________________

____

schneller werdend | im Schneckentempo | schwungvoll | stürmisch | bedächtig

Geschwindigkeit: Man sollte das Gedicht ______________________ lesen,

weil ______________________

____

5 Bestimme das Metrum in den beiden Strophen.
- Kennzeichne dazu über den Versen betonte Silben durch einen Strich und unbetonte durch einen Punkt.
- Kreuze dann die richtigen Aussagen an.

→ Merke 52

Sprich das Gedicht laut vor und klatsche dazu.

In dem Gedicht von Christian A. Overbeck …

- ☐ beginnt jeder Vers mit einer betonten Silbe.
- ☐ beginnt jeder Vers mit einer unbetonten Silbe.
- ☐ wechseln sich betonte und unbetonte Silben in jedem Vers regelmäßig ab.
- ☐ folgen in jedem Vers zwei unbetonte auf eine betonte Silbe.
- ☐ enden alle Verse auf einer unbetonten Silbe.
- ☐ enden die Verse abwechselnd auf einer unbetonten und einer betonten Silbe.

6 EXTRA Setze das Gedicht „An den Mai“ szenisch um. Verwende deine Ergebnisse aus den Aufgaben 1 bis 5.

Sieh dir die Planungshilfe für ein szenisches Spiel auf Seite 119 im Schülerbuch an.

Frühlingswiese

1 Im folgendem Gedicht geht es um eine Frühlingsblume. Lies das Gedicht und ergänze die Lücken mit dem richtigen Begriff.

Veilchen | Löwenzahn | Tulpen | Gänseblümchen

Reiner Kunze

Warum sind ______________ blüten gelb?

Warum sind ______________ blüten gelb?
Das weiß jedes Kind.
Weil ______________ blüten
Briefkästen sind.

Wer hat die Briefkästen aufgestellt?
Die grasgrüne Wiese.
Sie steckt in die Briefkästen
all ihre Grüße.

Wem werden die Grüße zugestellt?
Das weiß jedes Kind.
Briefträger sind
Biene und Wind.

2 Wie ist das Gedicht aufgebaut? Vervollständige den Lückentext.

Das Gedicht ______________________________________

______________________ von ____________ ____________

besteht aus ____________ Strophen mit jeweils ____________ Versen.

Jede Strophe beginnt mit einer ____________. Darauf folgt die ____________

____________.

Besonders auffallend ist, dass diese ______________________ in jeder Strophe auf zwei ________ verteilt ist.

Dadurch macht man beim Lesen automatisch eine Pause. Außerdem ergibt sich ein Überraschungseffekt.

→ Merke 49

3 Unterstreiche alle Reimwörter im Gedicht. Nenne anschließend die Reimform.

____

4 In dem Gedicht werden viele sprachliche Bilder verwendet. Erkläre ihre Bedeutung.

→ Merke 50 und Merke 51

sprachliches Bild	wortwörtliche Erklärung	Bedeutung
______ blüten sind Briefkästen (Zeile 3–4)	Sie sind gelb und enthalten etwas.	
die Wiese hat die Briefkästen aufgestellt (Zeile 6)		
die Wiese steckt ihre Grüße in die Briefkästen (Zeile 7–8)		

5 Biene und Wind werden in der letzten Strophe als Briefträger bezeichnet. Überlege, ob es sich dabei um einen Vergleich oder eine Metapher handelt. Erkläre die Bedeutung.

→ Merke 51

6 Untersuche das Metrum in der ersten Strophe. Markiere dazu alle betonten Silben mit einem Strich, alle unbetonten Silben mit einem Punkt.

7 EXTRA Setze das Gedicht von Reiner Kunze szenisch um. Verwende dazu deine Ergebnisse aus den Aufgaben 1 bis 6.

Sieh dir die Planungshilfe für ein szenisches Spiel im Schülerbuch auf Seite 119 an.

8 EXTRA Lerne das Gedicht auswendig. Trage es einem Lernpartner oder in der Klasse vor.

7

Picasso oder Picaso?

Es sind insgesamt 18 Wörter.

1 Tom verwendet eine besondere Aussprache. Er spricht „sch" für alle s-Laute. Unterstreiche die Wörter, die falsch geschrieben sind.

Ich musch in der Schule über Pablo Picascho reden. Aber ich weisch eigentlich gar nicht viel über den Künschtler. Wir haben überm Eschtisch ein Bild von ihm aufgehängt. Dasch finde ich ganz schön häschlich. Allesch ischt tierisch durcheinander und ich kann kein bischchen erkennen. Esch heischt, dasch Picascho die Menschen, Dinge und Landschaften auf scheinen Bildern in ihre Einzelteile zerlegt und dann neu wieder zuschammengeschetzt hat. Dasch nennt man Kunscht.

→ Merke 54

2 Trage die falsch geschriebenen Wörter aus Aufgabe 1 mit dem richtigen s-Laut in die Tabelle ein.

s	ss	ß
	muss	

→ Merke 54

3 Lies die folgenden Wörter. Setze *s, ss* oder *ß* in die Lücken ein.

na___ blo___ e___en le___en flü___ig schlie___en

hä___lich Brau___e bla___ hei___ nie___en

4 *s, ss* oder *ß*? Bilde zu jedem Wort den Plural und zeichne Silbenbögen darunter. Unterstreiche dann die richtige Schreibung.

→ Merke 53 und Merke 54

das Schlos/Schloß/Schloss die Schlösser

das Glaß/Glas/Glass die ______

der Fuß/Fus/Fuss die ______

der Schluss/Schluß/Schlus die ______

das Faß/Fas/Fass die ______

das Gas/Gass/Gaß die ______

der Gruss/Grus/Gruß die ______

5 Ergänze den richtigen s-Laut. Beachte die stimmhaften und stimmlosen s-Laute.

Ich würde gern ins Kunstmuseum nach New York rei_s_en.

Die Bauarbeiter rei____en den Anbau des Museums ein.

Die Schüler la____en die ganze Stunde in einem Buch über moderne Kunst.

Manche Künstler la____en sich von der Natur inspirieren.

Die Skulpturen werden auf dem Ra____en ausgestellt.

Das Gemälde zeigt Pferde unterschiedlicher Ra____en.

6 Ergänze in der Tabelle drei passende Reimwörter. Entscheide, ob es sich um stimmhafte oder stimmlose s-Laute handelt.

→ Merke 54

fassen speisen beißen Blasen kreisen Massen

Eisen schmeißen passen grasen heißen Hasen

	stimmhafter s-Laut	stimmloser s-Laut
reisen	speisen, kreisen	–
reißen		
Rasen		
lassen		

Familien im wahrsten Sinne des Wortes

→ Merke 56

1 Notiere die gesuchten Gegenteile. Überprüfe die Schreibung, indem du die Wörter verlängerst.

das Gegenteil von gesund	krank	–	kränker
das Gegenteil von Morgen		–	
das Gegenteil von dick		–	
das Gegenteil von Nacht		–	
das Gegenteil von zahm		–	
das Gegenteil von schwach		–	

→ Merke 53

2 Welche Begriffe werden hier gesucht? Überprüfe die Schreibweise, indem du sie verlängerst. Zeichne auch die Silbenbögen ein.

Tierhaut	Fell	–	die Felle
heftiger Stoß mit dem Fuß	T	–	
großes Wasserfahrzeug	S	–	
unerwartetes Ereignis	Z	–	
einzelner, grüner Pflanzenteil	B	–	
Gewebe für Kleider	S	–	

3 Ergänze in den Sätzen die fehlenden Konsonanten. Verlängere dazu die Wörter und zeichne die Silbenbögen ein.

Der Künstler begi_nn_t zu malen und vergi____t dabei zu e____en.

beginnen

Das Bild so____ an einen Frühlingsmorgen eri____ern.

Der Kritiker ho____t, die Gedanken des Künstlers zu ke____en.

Der Kunstsa____ler ko____t, um die neuesten Werke zu beste____en.

Beim Malen mu____ man aufpa____en, den Farbtopf nicht umzuschü____en.

Ein Künstler scha____t es, die Gesichtszüge einer Person genau zu tre____en.

4 Setze *ä*, *e*, *äu* oder *eu* ein. Notiere dazu zwei Ableitungen und ergänze den Wortstamm.

→ Merke 55 und Merke 57

Wort	Ableitungen	Wortstamm
träumen	traumhaft, Albtraum	traum
N____neck	neunmal,	
qu____len		
h____fig		
f____errot		
fr____en		
____wigkeit		
sch____dlich		
J____ger		
dr____ngen		
Kr____z		
Gem____lde		
R____me		

5 Setze die richtigen Buchstaben in die Lücken ein. Leite die Wörter dazu ab.

Malen wird h_eu_tzutage auf verschiedene Weise ausgeübt, nicht nur in geschlossenen R____men, sondern auch im Freien. Manche Künstler malen auf hohen Geb____den, manche zeichnen in der Natur. Die Motive sind h____fig Fassaden oder auch Denkm____ler. Viele Künstler w____hlen auch P____rsonen als Motiv. Das lange Modellsitzen ist sehr anstr____ngend, aber die Fr____de über das fertige Gem____lde ist oft groß.

Die Kunst der Wörter

1 In jeder Schlange versteckt sich ein Satz. Schreibe ihn auf.

EINELESEBRILLEISTAUCHIMMUSEUMEINEGUTESEHHILFE

Eine Lesebrille

DIESCHÜLERINHATVIELEFARBTUBENINIHREMMALKASTEN

SIEMALTAMLIEBSTENZITRONENGELBEFARBKLECKSE

EINMUSEUMSBESUCHISTOFTEINHOCHGENUSS

→ Merke 59

2 Zerlege alle zusammengesetzten Wörter aus Aufgabe 1 in ihre Einzelwörter und bestimme deren Wortart. Unterstreiche jeweils das Grundwort.

Zusammengesetztes Wort	1. Wort	2. Wort
Lesebrille	lesen (Verb)	Brille (Nomen)

3 Setze jeweils drei Wörter zusammen. Schreibe dann das zusammengesetzte Wort auf. Verwende für die Wörter jede Farbe einmal.

Streiche die Wörter, die du verwendet hast, durch.

~~Öl~~	Tropf	Verkäufer	Kunst	Stand	~~Farben~~	Zeichnung	Metall
Bass	Museum	Sonnen	Theater	Rahmen	Holz	Gewerbe	
Laien	Blumen	Deckel	Kohle	Höhle	Kasten	Markt	
Spieler	Mal	Bilder	Wiese	Gruppe	Kontra	Stein	~~Klecks~~

Ölfarbenklecks

4 Bilde so viele Wörter wie möglich, indem du die Wortbausteine miteinander verknüpfst.

→ Merke 58

Achte auf die Großschreibung der Nomen.

er-	be-	ab-	stell	wunder	-bar	-lich	-en	-nis
auf-	an-	un-	find	schließ	-ung	-keit	-er	-haft
ver-	ein-	ge-	merk	bild	-sam	-e	-n	-ig

erfinden, Aufmerksamkeit,

Merkwürdige Wortspielereien

1 In den folgenden Sätzen ist etwas vertauscht. Schreibe die Sätze richtig auf.

Es gibt kiene Reisen, dei riefe Fiegen leiben.

____

Veile fließige Beinen fleigen mit Liechtigkiet von Steifmütterchen zu Steifmütterchen.

____

Zehn zeirliche Zeigen scheiben iefrig Keiselstiene über dei Weise.

____

→ Merke 61

2 Entscheide, mit welchem f-Laut die Wörter beginnen und setze den richtigen Buchstaben ein.

___ater ___euer ___abrik ___ieh ___ers ___uchs ___arao

___ogel ___loh ___iertel ___eilchen ___asan ___olk

→ Merke 60

Manchmal gibt es auch mehrere Lösungen.

3 Doppelvokal, Dehnungs-h oder ie? Schlage die folgenden Begriffe im Wörterbuch nach und schreibe sie richtig auf.

Vorschlag Schreibweise	richtige Schreibweise
Koole – Kohle – Kole	Kohle
Spihgel – Spiegel – Spigel	
Meer – Mer – Mehr	
Hare – Hahre – Haare	
Bühne – Büne – Büüne	
Leere – Lehre – Lere	
Mohr – Mor – Moor	
Brif – Brief – Brihf	
Fee – Feh – Fe	

4 Welche Begriffe werden hier gesucht? Notiere sie. Achte auf die Schreibung mit *chs*, *cks* und *x*. → Merke 61

eine Abfolge von Sätzen	Text
Aufbewahrungsgegenstand mit Deckel	Bü
ein Faustkämpfer	Bo
eine seltene Raubkatze	Lu
eine böse, alte Zauberin	He
der Hauptbestandteil von Kerzen	Wa
ein Werkzeug zum Baumfällen	A
ein Verkehrsmittel mit Fahrer	Ta

5 Unterstreiche im Text alle Nomen. Schreibe sie noch einmal richtig darüber. → Merke 62

Leichtigkeit
Mit leichtigkeit führt der maler den pinsel über das papier. Was dann entsteht, ist etwas einzigartiges, das die gedanken und die gefühle des malers zum ausdruck bringt. Die kritiker haben es sich zur aufgabe gemacht, die hintergründe bei der entstehung eines bildes zu entdecken. Doch ist es immer etwas besonderes, was den künstler bei der gestaltung bewegt haben muss?

6 Schreibe den Text richtig ab. Setze dabei auch die fehlenden Satzzeichen.

werhatmeinepinselunddiefarbengesehenichkann
ohnemeinearbeitsmaterialiennichtanfangenwenn
esdochbloßnichtsounordentlichbeimirwäredann
würdeichnichtständigmeinesachensuchenmüssenich
werdewohlersteinmaleineaufräumaktionstarten

8

Eine dringende Einladung

Wendy und Mattes sind sauer. Ausgerechnet in den Ferien sollen sie für eine Woche zu ihrer Tante Antonia fahren. Allerdings haben sie die Tante schon lange nicht mehr gesehen. Da bringt der Postbote unverhofft einen Brief von Antonia. Aber was ist das? Er ist ja zerschnitten!

Achte auf die Groß- und Kleinschreibung.

Die Farben helfen dir.

1 Was schreibt Tante Antonia Wendy und Mattes? Verbinde die Wörter zu sinnvollen Sätzen und schreibe sie in den Brief.

EUCH · MIR · KÖTER · IHR · MAN · EINEN · BRAUCHE · DER

BLÖDE · HELFT · BRIEFKASTEN. · „IN · WILL · WOCHE · AN

HATTE · EINER · DEN · DRINGEND. · WEG · BEPPO · ICH

KRAGEN. · IM · MUSS · DROHBRIEF · SEIN!“ · VIELLEICHT. · ICH

Liebe Wendy, lieber Mattes,

____

____

____

____

____

Liebe Grüße auch an eure Eltern

Eure Tante Antonia

Merke 64

Die Umstellprobe hilft dir, herauszufinden, welche Satzglieder zusammengehören.

2 Manche Wörter bleiben im Satz zusammen. Markiere diese Wortgruppen in Aufgabe 1. Ordne Sie anschließend in die Tabelle ein.

Satz	Satzglied 1	Satzglied 2	Satzglied 3	Satzglied 4
gelb	Ich	brauche		

Da ihre Tante Hilfe benötigt, entschließen sich Wendy und Mattes, zu ihr zu fahren. Noch am selben Tag schreibt Wendy ihrer Tante eine E-Mail.

3 Trenne die Satzglieder in Wendys E-Mail durch Längsstriche. Unterstreiche dann die Subjekte grün und die Prädikate rot.

→ Merke 65 und Merke 66

Frage nach Subjekten mit „Wer oder was?"!

Prädikate bestehen aus einem oder mehreren Verben.

E-Mail

Von: wendy@zuhause.de
An: tante_antonia@antonia.com
Betreff: Der Fall Beppo

Senden

Liebe Tante Antonia, hier | schreibt | deine Nichte Wendy. Mattes und ich helfen dir und Beppo auf alle Fälle. Morgen Nachmittag fahren wir zu dir.
Gegen 18 Uhr werden wir ankommen. Von den anderen soll ich liebe Grüße ausrichten.
Bis morgen
Wendy

Am nächsten Tag kommen Wendy und Mattes bei ihrer Tante an. Beppo begrüßt sie mit lautem Gebell. Tante Antonia erzählt, was passiert ist.

4 Ergänze Antonias Erlebnis, indem du die Subjekte richtig einsetzt.

ihr | ich | er | der Drohbrief | er

Gestern kam ______________ mit der Post. Abgestempelt wurde ________ im Nachbarort. Wenn ________ nur wüsste, von wem ________ ist. Hoffentlich könnt ________ mir helfen.

5 Ergänze die Antwort von Wendy und Mattes, indem du die Prädikate richtig einsetzt.

können ... beobachten | fällt ... auf | bewachen | reden

Wir ______________ am besten den Hund. Dabei ______________ wir auch den Briefkasten ______________________. Wir ______________ mit den Leuten im Dorf. Dabei ______________ uns möglicherweise etwas ________.

Spürnasen sind gefragt

1 Wendy und Mattes haben einen Plan. Finde heraus, was die beiden vorhaben, indem du die vertauschten Satzglieder wieder richtig ordnest. Schreibe den Text dafür ab.

Wendy und Mattes wollen ein Stück Kreide befragen. Sie wollen welches Haus teilen und die Arbeit getrennt aufsuchen. Wendy gibt beiden ihre Tour. Damit soll er die Dorfbewohner malen: Ein M und ein W. So weiß Wendy, verschiedene Adressen er schon besucht hat. Die Idee gefällt Mattes sehr gut. Sie starten einen geheimen Code.

____

____

____

____

____

→ Merke 67

2 Unterstreiche in deinem Text die Akkusativobjekte blau. Erfrage sie mithilfe von „Wen oder Was?".

→ Merke 67

3 Unterstreiche nun in deinem Text die Dativobjekte gelb. Erfrage sie mithilfe von „Wem?".

4 Wendy und Mattes tauschen ihre Erfahrungen aus. Beantworte dazu die folgenden Fragen.

Den Förster fand ich komisch. Er guckte dauernd an mir vorbei, während ich mit ihm sprach und wirkte irgendwie nervös.

Die Nachbarin Frau Benkowski beschuldigte den armen Hund, ihre Blumen zu zertreten. Den Verkäufer im Supermarkt habe ich nicht befragen können, weil er beschäftigt war.

Wen fand Wendy komisch? ______________________________

Wen beschuldigte die Nachbarin? ______________________________

Wen konnte Mattes nicht befragen? ______________________________

5 Welche Satzglieder hast du in Aufgabe 4 erfragt? Kreuze an.

☐ Dativobjekte ☐ Akkusativobjekte ☐ Dativobjekte und Akkusativobjekte

Am nächsten Morgen findet Tante Antonia einen neuen Brief. Diesmal stehen seltsame Zeichen darin. Wendy und Mattes kennen den Kästchen-Code und entschlüsseln ihn schnell.

6 Entschlüssele die Nachricht auf dem Zettel und schreibe sie auf.

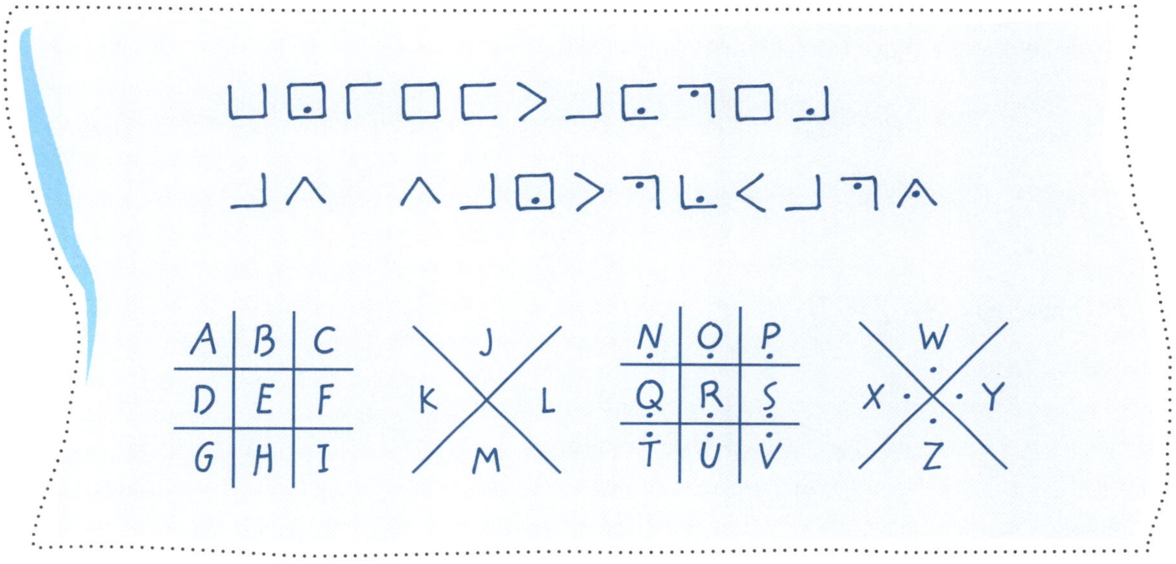

Die Nachricht lautet: ____

____

Wendy und Mattes gehen zum angegebenen Ort. Dort finden sie einen weiteren Zettel, auf dem ein neuer Treffpunkt steht. Damit beginnt eine Schnitzeljagd durch das Dorf.

7 Lies, wohin die Schnitzeljagd die Geschwister führt. Markiere in dem Text die Adverbialbestimmungen der Zeit („Wann?"), des Ortes („Wo?"), des Grundes („Warum?") und der Art und Weise („Wie?") farbig. → Merke 68

Um 14 Uhr stehen Wendy und Mattes am Parkplatz. Ein Zettel klebt am Stoppschild. Wenig später erreichen sie die Bäckerei. Dort liegt ein Zettel auf der Theke, aber die Verkäuferin hat wegen der vielen Kunden nichts gesehen.
Der Zettel führt die beiden auf den alten Friedhof. Aufmerksam untersuchen sie jeden Winkel und finden dank Wendys scharfem Blick einen weiteren Zettel auf einer Grableuchte. Sie sollen das Schwimmbad am anderen Ende des Dorfes aufsuchen. Das hat allerdings aufgrund von Bauarbeiten geschlossen. An einem Strauch neben dem Eingang hängt der nächste Zettel. Vom Schwimmbad gehen sie ziemlich erschöpft zur Eisdiele, wo jemand einen Zettel unter einem Tischbein versteckt hat. Dieser letzte Zettel führt sie zurück zum Haus der Tante. Wendy und Mattes ärgern sich – war das etwa eine Falle?

Dem Täter auf der Spur

Wendy und Mattes haben sich für den nächsten Tag vorgenommen, die Hauptverdächtigen heimlich zu beobachten. Am Abend schreibt Wendy die Erlebnisse in ihr Tagebuch.

→ Merke 69

Verben der Fortbewegung stehen immer mit *sein*. Dies trifft auch auf die Verben *bleiben* und *geschehen* zu.

1 Ergänze die richtigen Perfektformen im Text.

fahren | beobachten | spazieren gehen | behandeln | verstehen | steigen | nehmen | anrufen | verstecken | fallen

Mittwoch, den 15.8.

Liebes Tagebuch,
die Nachbarin ______ ja leider in den Urlaub ______, deshalb ______ wir gleich den Förster ______.
Er ______ mit seinem Hund im Wald ______. Den Hund ______ er wirklich sehr nett ______.
Irgendwann ______ er auf einen Hochsitz ______.
Dort ______ er sein Handy aus der Tasche ______ und jemanden ______. Wir ______ uns direkt unter dem Hochsitz im Gebüsch ______. Von dem Gespräch ______ wir ein paar Wörter ______. Es ______ auch das Wort „Beppo" ______.

2 Übertrage den Schluss von Wendys Tagebucheintrag aus dem Präteritum ins Perfekt.

Mit geliehenen Fahrrädern verfolgten wir schließlich den Verkäufer des Supermarktes auf seiner Auslieferungstour. Er besuchte acht Kunden. Am Schluss fuhr er in den Nachbarort. Aber auf der ganzen Strecke warf er nichts in einen Briefkasten oder versteckte einen Zettel.

Am nächsten Morgen verschlafen Wendy und Mattes. Als sie aufwachen, scheint ihre Tante beim Einkaufen zu sein. Jedenfalls hängt ihre Einkaufstasche nicht im Flur. Während sich die Kinder Frühstück machen, entdecken sie ihre Tante vor dem Haus. Sie macht sich am Briefkasten zu schaffen. Nach einer Weile kommt sie freundlich grüßend herein und bittet Wendy, doch nach der Post zu sehen. Wendy und Mattes schauen sich verständnislos an. Sollte etwa ihre Tante die Finger im Spiel haben?

3 Markiere im folgenden Text die Verben im Plusquamperfekt blau und die im Präteritum rot.

→ Merke 69 und Merke 70

Nachdem Wendy beim Briefkasten gewesen war, kam sie mit einem Brief in der Hand in die Küche zurück. Tante Antonia hatte einen neuen Drohbrief und alle schauten ihn nun genau an. Nachdem die Geschwister den Text entschlüsselt hatten, las die Tante laut vor: „Noch drei Tage Frist". Dann ging sie aus der Küche und Wendy und Mattes steckten die Köpfe zusammen, um sich zu beraten. Ihre Tante hatte den Drohbrief doch selbst eingeworfen! Als Tante Antonia das Haus verlassen hatte, holten sie ihre Fahrräder und folgten ihr unauffällig.

4 Ergänze die Verben im Text. Verwende dazu das Plusquamperfekt.

anhalten | aufsuchen | verlieren | streiten

Als Tante Antonia den Förster ______________________, wurde der Verdacht der Kinder immer größer.

Nachdem die Tante und der Förster laut ______________________, trennten sie sich wieder.

Tante Antonia stieg in den Lieferwagen des Verkäufers, der an der Kreuzung ______________________.

Weil der Wagen zu schnell gefahren war, ______________________ die Kinder die Spur ______________________.

Ach so war das!

Wendy und Mattes verdächtigen ihre Tante, obwohl sie sich keinen Reim auf ihr Verhalten machen können. Sie suchen im ganzen Haus nach Hinweisen, was ihre Tante mit den Briefen zu tun haben könnte.

→ Merke 72

1 Verbinde jeweils die beiden Hauptsätze mit einer passenden Konjunktion zu einer Satzreihe. Markiere die Konjunktionen.

und | oder | aber | sondern | denn

Die Kinder werden etwas finden. Sie gehen planvoll vor.

Das Haus ist ziemlich groß. Sie teilen sich die Zimmer auf.

Sie entdecken den Geheimcode. Sie finden den Notizblock.

Es gab keine Gefahr für Beppo. Es ist ein Spiel.

Sollen sie nur mitmachen? Sollen sie selbst das Spiel bestimmen?

2 Markiere in den Satzgefügen die Konjunktionen, die Hauptsatz und Nebensatz verbinden.

Auf dem Notizblock entdecken Wendy und Mattes zwei Telefonnummern, weil jemand beim Schreiben fest aufgedrückt hat. Die beiden Kinder finden heraus, dass es die Telefonnummern des Försters und des Verkäufers sind. Sie rufen den Förster an, damit sie selbst in das Spiel eingreifen können. Der Förster gesteht sofort, da ihm alles schon sehr unangenehm ist. Er will es Tante Antonia heimzahlen, indem er jetzt den Kindern hilft. Weil die Kinder ihn darum bitten, wird er Beppo für kurze Zeit verstecken.

3 Unterstreiche in dem Gespräch zwischen Mattes und Wendy die Nebensätze. Markiere dann die Konjunktionen.

Der Nebensatz kann vorangestellt oder nachgestellt sein.

Wir bringen Beppo am besten gleich zum Förster, damit Antonia nichts mitbekommt. Antonia sagen wir, dass Beppo nicht im Haus war.

Damit wir den Förster noch erreichen, sollten wir sofort aufbrechen. Wir lassen Beppos Leine hier, weil das zu einer Entführung passen würde.

4 Im folgenden Text findest du Satzreihen und Satzgefüge. Unterstreiche die Verben. Schreibe dann für Satzreihe *SR* und für Satzgefüge *SG* vor jeden Satz.

__SR__ Tante Antonia kam nach Hause und sie rief Beppo.

______ Die Kinder erklärten der Tante, dass sie den Hund nicht gesehen hätten.

______ Antonia war sehr aufgeregt, denn sie hatte Angst um ihren Liebling.

______ Sie gestand den Kindern, dass sie sich alles ausgedacht hatte.

______ Weil Wendy und Mattes die Ferien nicht bei ihrer Tante verbringen wollten, wollte sie sie mit einer spannenden Geschichte anlocken.

______ Der Verkäufer war auf die Idee gekommen, er hatte die Briefe im Nachbarort eingeworfen.

______ Da lachten die Kinder und sie verrieten ihrer Tante sofort Beppos Aufenthaltsort.

______ Am Abend gab es für alle Beteiligten ein leckeres Abendessen und auch Beppo wurde mit seiner Lieblingsspeise bedacht.

Wir planen einen Vorlesewettbewerb

Einen Text überarbeiten

Selbsteinschätzungsbogen vz2y5k

Wende Rechtschreibstrategien an.

1 Eine Schülerin hat zu zwei Büchern eine Empfehlung geschrieben. Lies den Entwurf auf der rechten Seite. Überprüfe dabei die Rechtschreibung und Grammatik und verbessere sie. Achte auf die Nomensignale, Kommas und die richtige Schreibweise der s-Laute und Fremdwörter.

2 Überprüfe den sprachlichen Ausdruck des Textes.
- Markiere unklare Stellen und formuliere sie um. Notiere sie am Rand.
- Streiche Wörter, die sich wiederholen oder überflüssig sind.
- Stelle bei gleichförmigen Satzanfängen die Satzglieder um.
- Ersetze an den passenden Stellen Nomen durch Personalpronomen.

3 Sieh dir die Umschläge der beiden Bücher an und lies die Klappentexte. Ergänze fehlende Informationen neben der Buchempfehlung.

aus dem Klappentext:

Sissi ist dreizehn, ziemlich frech, gnadenlos schlecht in Mathe – und unsterblich verliebt! Doch leider hat Konstantin, ihr Traumprinz, nur Augen für ältere Mädchen mit „Erfahrung". Zu dumm, denn was das Küssen angeht, da kann Sissi einfach noch nicht mitreden. Also setzt sie Himmel und Erde und ihren Sandkastenfreund Jakob in Bewegung, um sich a tempo gefühlsechte Informationen zum Thema zu beschaffen …

aus dem Klappentext:

Die bewegende Geschichte des jungen Mik, der von zu Hause fort muss, alles andere als begeistert ist und doch eigentlich nur eines will: ein normales Leben. Als er es endlich findet, legt man ihm wieder Steine in den Weg. Aber dann beginnt auch für Mik das Glück …

4 Schreibe die überarbeitete Buchempfehlung in dein Heft.

Allerbestes Lesefutter

Ich ~~kan~~ kann nicht sagen, ob mir jetzt das Buch von Kerstin Gier oder das Buch von Engström beser gefellt. Bei dem ersten Buch gefellt mir die Hauptperson besonders. Sie ist ziemlich frech und kann kein Mathe. Sie glaupt, dass sie den tolen Traumprinzen Konstantin liebt. Und nur Jakob kann ihr helfen, Informationen zum Küsen zu beschafen.

Das zweite Buch mag ich weil mit Mik so viel ist, dass es sehr spannend ist. Miks Bruder ist krimineller und sein Vater seuft oft. Sein Vater läst den Jungen oft über nacht allein. Dann fühlt der Junge eine schlimme einsamkeit, die wie eine Schlange in seinen bauch frißt. Dann erfehrt er schlieslich bei seiner Tante ein völlich neues leben. Die zwei hauptfiguren in den Büchern sind interessant geschiltert. Es bleipt am Schluß das Gefühl, dass man alles selbst erlebt hat.

Selbsteinschätzungsbogen
i2g4ar

Was ist passiert?

Sachlich berichten

1 Beim Besuch im Naturkundemuseum passiert ein Unfall. Ordne die Bilder in der richtige Reihenfolge.

2 Plane einen Bericht zu dem Unfall im Museum. Betrachte dazu die Bilder. Beantworte für die Einleitung die folgenden Fragen.

- Wer war an dem Unfall beteiligt?

____

- Wann passierte der Unfall?

____

- Wo geschah der Unfall?

____

3 Plane den Hauptteil des Berichts. Beantworte dazu die folgenden Fragen.

- Warum passierte der Unfall?

____

____

____

- Wie ist der Unfall geschehen?

____

____

____

4 Überlege dir nun den Schluss des Berichts. Beantworte dazu die folgende Frage.

- Welche Folgen hatte der Unfall?

____

____

____

5 Formuliere eine Überschrift für den Bericht.

____

6 Schreibe den Bericht vollständig in dein Heft. Verwende dabei deine Antworten aus den Aufgaben 2 bis 5.

Selbsteinschätzungsbogen v756wu

Vorhang auf fürs Familientheater

Die eigene Meinung ausdrücken

Vater: Hör mal Jan, das geht so nicht weiter. Du vergeudest viel zu viel Zeit am Computer. Ab jetzt darfst du nur noch einmal in der Woche für zwei Stunden etwas am Computer machen. So kannst du dich um Wichtigeres kümmern.

Jan: Wie bitte? Das geht nicht. Ich muss mindestens einmal am Tag an den Computer. Wie soll ich sonst wissen, was die anderen so machen? Dann werde ich ja alle meine Freunde verlieren!

Vater: Nun mal langsam. Du kannst die anderen ja auch anrufen. Oder geh doch einfach vorbei, das haben wir schließlich früher auch so gemacht.

Jan: Du bist ja auch in der Steinzeit aufgewachsen! Weil ihr früher nur Dosentelefone hattet, soll ich jetzt verzichten? Außerdem mach ich am Computer ja auch viel für die Schule.

Vater: Ach ja, was denn zum Beispiel?

Jan: Na, neulich musste ich einen Vortrag über diesen Dichter halten und da habe ich mir verschiedene Seiten im Internet durchgelesen. Das ist ja wohl sehr wichtig!

Vater: Okay, das kannst du aber auch in den zwei Stunden machen, in denen du an den Computer darfst. Pass mal auf, deine Computerzeit wird auch eingeschränkt, weil du deine Pflichten im Haushalt nicht mehr erfüllst. Gerade gestern musste deine Schwester wieder den Müll runterbringen, weil du irgendein Spiel gespielt hast. Ich habe von deinem sinnlosen Geballere endgültig die Nase voll.

1 Lies, worüber sich Jan und sein Vater gestritten haben. Fasse es in einem Satz zusammen.

____

____

2 Begründe, weshalb es sich bei den folgenden Stellen um verletzende Aussagen handelt. Formuliere sie in sachliche Botschaften um.

Du bist ja auch in der Steinzeit aufgewachsen!

____

____

Ich habe von deinem sinnlosen Geballere endgültig die Nase voll.

____

____

3 Wie argumentieren Jan und sein Vater? Ergänze die Tabelle mit den Argumenten und Erläuterungen/Beispielen aus dem Text.

Meinungen	Argumente	Beispiele/Erläuterungen
Vater: Jan soll nur einmal in der Woche für zwei Stunden an den Computer.		
Jan: Ich muss mindestens einmal am Tag an den Computer.		

4 Was hältst du von der Ankündigung des Vaters, Jans Computerzeit auf zwei Stunden pro Woche einzuschränken? Überlege dir drei Argumente mit Beispielen/Erläuterungen. Formuliere sie in ganzen Sätzen.

1. Argument: ______

Beispiel/Erläuterung: ______

2. Argument: ______

Beispiel/Erläuterung: ______

3. Argument: ______

Beispiel/Erläuterung: ______

Selbsteinschätzungsbogen
d3s6px

Mit List und Tücke

Schriftliches Erzählen

1 Sieh dir die Bilder an und lies die Lehre (Moral) von der Fabel „Fink und Frosch“ von Wilhelm Busch. Kreuze an, um welches Thema es gehen könnte.

☐ Boshaftigkeit ☐ Hochmut ☐ Neid ☐ Gefräßigkeit ☐ Sturheit

Wilhelm Busch

Fink und Frosch

[…]
Wenn einer, der mit Mühe kaum
geklettert ist auf einen Baum,
schon meint, dass er ein Vogel wär,
so irrt sich der.

2 Schreibe zu der Bildergeschichte eine Fabel. Ergänze dafür den folgenden Schreibplan.

Schreibplan: Zu einer Bildergeschichte eine Fabel schreiben

Tiere • Welche Tiere handeln? • Welche Eigenschaften haben die Tiere?	
Einleitung – Ausgangssituation • Wo und wann treffen die Tiere aufeinander? • Welches Problem ergibt sich?	
Hauptteil – Handlungsschritte • Wie handelt der Frosch? (Aktion) • Was sagt er? (wörtliche Rede) • Wie reagiert der Vogel darauf? (Reaktion) • Was entgegnet er? (Gegenrede)	
Lösung/Lehre der Fabel • Wie endet die Fabel? (Lösung) • Was lernt man aus der Fabel? (Lehre/Moral)	

3 Schreibe nun die Fabel in dein Heft.

4 Überprüfe deine Fabel noch einmal mithilfe des Schreibplans aus Aufgabe 2.

Selbsteinschätzungsbogen
u7ii53

Fernsehen, Computer & Co.

Diagramme und Sachtexte untersuchen

1 Sieh dir das Diagramm an und lies den Text. Unterstreiche im Text die Aussagen, die sich im Diagramm wiederfinden.

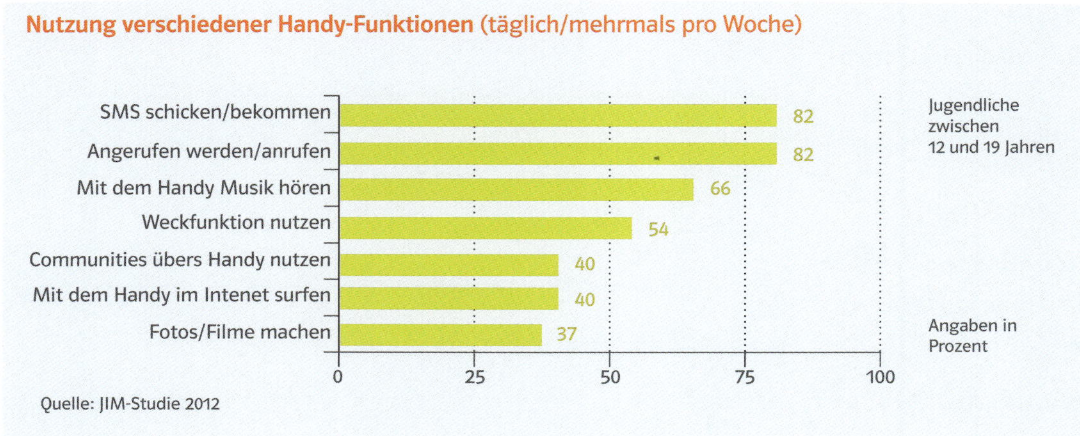

Ohne Handys leben – geht das überhaupt?

In unserer multimedialen Welt sind Handys und Smartphones nicht mehr wegzudenken. Was würde also passieren, wenn man plötzlich darauf verzichten müsste? An einigen Schulen in Deutschland haben Schüler Selbstversuche gestartet und ihre Handys für eine Woche abgegeben. Das fiel den meisten gar nicht so leicht, denn das Mobiltelefon ist ein fester Bestandteil ihres Lebens.

„Es fehlt etwas“, stellten die meisten schon wenige Stunden nach Abgabe ihrer Handys fest. Plötzlich waren kein Klingeltöne mehr zu hören. Niemand verbrachte Wartezeiten damit, schnell etwas im Internet zu recherchieren oder Spiele zu spielen. Einige mussten sich Armbanduhren leihen, weil sie ihr Telefon als Uhr und Wecker genutzt hatten. Was den Schülern aber am meisten auffiel: Ob im Unterricht oder bei den Hausaufgaben – ihre Aufmerksamkeit blieb ungeteilt, so dass sie Aufgaben schneller fertig bekamen und mehr Zeit dafür hatten.

Allerdings wirkte sich der Verzicht auf die Handys auch negativ auf die Kommunikation aus. Mal eben mit Freunden Kontakt aufnehmen per Kurznachricht, Anruf oder in sozialen Netzwerken – all das war nun nicht mehr so leicht möglich und mit mehr Organisation verbunden. Manche fühlten sich regelrecht isoliert. „Immer erreichbar zu sein hat durchaus Vorteile“, meinte ein Achtklässler.

Am Ende waren alle Schüler dankbar für die Erfahrung und gleichzeitig glücklich, ihre Telefone zurückzubekommen.

2 Untersuche das Diagramm genauer.

- Benenne den Diagrammtyp.

- Fasse in einem Satz zusammen, worum es in dem Diagramm geht.

- Beschreibe, welche Art der Handynutzung besonders wichtig und welche weniger wichtig ist.

3 Untersuche den Text genauer.

- Fasse zusammen, welche Vorteile die Schüler vom Handyverzicht hatten.

- Fasse zusammen, welche Nachteile sich aus dem Handyverzicht ergaben.

4 Kannst du dir vorstellen, einige Zeit auf ein Handy zu verzichten? Begründe deine Meinung.

Selbsteinschätzungsbogen
xv9h46

Der Wandel der Jahreszeiten

Einen literarischen Text untersuchen

Christian Morgenstern

Novembertag

Nebel hängt wie Rauch ums Haus,
drängt die Welt nach innen;
ohne Not geht niemand aus;
alles fällt in Sinnen.

Leiser wird die Hand, der Mund,
stiller die Gebärde.
Heimlich, wie auf Meeresgrund,
träumen Mensch und Erde.

1 Markiere in dem Gedicht „Novembertag" die Reimwörter farbig.

2 Vervollständige den Lückentext zu dem Gedicht.

In dem Gedicht von ______________ ______________________ mit dem Titel ______________________________ geht es um ______________________________. Das Gedicht besteht aus __________ Strophen. Die Strophen bestehen aus jeweils __________ Versen. In allen Strophen ist der Reim der __________ ______________.

3 Beschreibe in ganzen Sätzen die Stimmung, die in dem Gedicht herrscht. Gehe dabei vor allem auf die Sinneseindrücke ein.

____

____

____

____

____

____

4 Suche aus dem Gedicht drei sprachliche Bilder heraus und ergänze die Tabelle.

Textstelle und Zeilenangabe	Wortwörtliche Erklärung	Bedeutung	Sprachliches Bild
wie Rauch (Zeile 1)	Der Nebel sieht aus wie Rauch.	Der Nebel ist sehr dicht und undurchsichtig.	Vergleich

5 Untersuche das Metrum, indem du in dem Gedicht alle betonten Silben mit einem Strich, alle unbetonten mit einem Punkt markierst.

6 Ergänze den folgenden Satz.

Die Personifikation ist eine besondere Form des ____________________

Dabei werden ____________________ oder ____________________

menschliche Eigenschaften oder Handlungen zugeordnet.

7 EXTRA Überlege dir ein Beispiel für eine Personifikation. Schreibe es auf.

____

____

Unregelmäßige Verben

Grundform	Präsens	Präteritum	Perfekt
befehlen	du befiehlst	ich befahl	ich habe befohlen
beißen	du beißt	ich biss	ich habe gebissen
biegen	du biegst	ich bog	ich habe gebogen
binden	du bindest	ich band	ich habe gebunden
bitten	du bittest	ich bat	ich habe gebeten
blasen	du bläst	ich blies	ich habe geblasen
bleiben	du bleibst	ich blieb	ich bin geblieben
brechen	du brichst	ich brach	ich habe gebrochen
bringen	du bringst	ich brachte	ich habe gebracht
denken	du denkst	ich dachte	ich habe gedacht
dürfen	du darfst	ich durfte	ich habe gedurft
empfehlen	du empfiehlst	ich empfahl	ich habe empfohlen
essen	du isst	ich aß	ich habe gegessen
fahren	du fährst	ich fuhr	ich bin gefahren
fallen	du fällst	ich fiel	ich bin gefallen
fangen	du fängst	ich fing	ich habe gefangen
finden	du findest	ich fand	ich habe gefunden
fliegen	du fliegst	ich flog	ich bin geflogen
fliehen	du fliehst	ich floh	ich bin geflohen
fließen	es fließt	es floss	es ist geflossen
fressen	es frisst	es fraß	es hat gefressen
frieren	du frierst	ich fror	ich habe gefroren
geben	du gibst	ich gab	ich habe gegeben
gehen	du gehst	ich ging	ich bin gegangen
geschehen	es geschieht	es geschah	es ist geschehen
gewinnen	du gewinnst	ich gewann	ich habe gewonnen
gießen	du gießt	ich goss	ich habe gegossen
graben	du gräbst	ich grub	ich habe gegraben
greifen	du greifst	ich griff	ich habe gegriffen
haben	du hast	ich hatte	ich habe gehabt
halten	du hältst	ich hielt	ich habe gehalten
hauen	du haust	ich haute	ich habe gehauen
heißen	du heißt	ich hieß	ich habe geheißen
helfen	du hilfst	ich half	ich habe geholfen
kennen	du kennst	ich kannte	ich habe gekannt
klingen	es klingt	es klang	es hat geklungen
kommen	du kommst	ich kam	ich bin gekommen
können	du kannst	ich konnte	ich habe gekonnt
kriechen	du kriechst	ich kroch	ich bin gekrochen
lassen	du lässt	ich ließ	ich habe gelassen
laufen	du läufst	ich lief	ich bin gelaufen
lesen	du liest	ich las	ich habe gelesen
liegen	du liegst	ich lag	ich habe gelegen
lügen	du lügst	ich log	ich habe gelogen
messen	du misst	ich maß	ich habe gemessen
mögen	du magst	ich mochte	ich habe gemocht
müssen	du musst	ich musste	ich habe gemusst
nehmen	du nimmst	ich nahm	ich habe genommen

Merke 33

Sich in einer Bibliothek orientieren

In einer Bibliothek sind die Bücher nach **Sachgebieten** geordnet, z. B. *Krimi* oder *Roman*, oder **alphabetisch** nach **Autoren/Verfassern**, z. B. *Rowling* oder *Funke*.

Jedes Buch besitzt eine **Signatur**. Sie besteht aus einer Kombination aus Buchstaben und Ziffern und gibt den Standort des Buches in der Bibliothek an, z. B. *J. K. Rowling: Harry Potter und der Feuerkelch → FAN52 – ROW4*.

Im **Katalog** einer Bibliothek (große Bibliotheken haben meist einen Online-Katalog) kann man nachschauen, ob sich ein Buch in der Bibliothek befindet und an welchem Platz es steht. Dazu gibt man ein **Suchwort** in den Katalog ein, z. B. den Titel, den Autor oder ein Schlagwort (Thema).

→ **deutsch.punkt 2 (Buch)** Kapitel 1, Seite 15

Merke 34

Inhalt und Zweck eines Berichts

In einem Bericht geht es immer um ein **vergangenes abgeschlossenes Ereignis**, z. B. einen Unfall, eine Veranstaltung oder ein Praktikum. Der Berichtende gibt dieses Ereignis so **sachlich und wertfrei** wie möglich wieder, um seinen Zuhörer oder Leser **über die wesentlichen Sachverhalte** zu **informieren**.

→ **deutsch.punkt 2 (Buch)** Kapitel 2, Seite 31

Merke 35

Form eines Berichts

Ein Bericht hält sich an **die Reihenfolge der Ereignisse**. Da diese in der Vergangenheit liegen, wird der Bericht im **Präteritum** verfasst.

Er enthält die **Antworten auf die W-Fragen** und ist **in einem nüchternen, sachlichen Tonfall** formuliert. **Gefühle, persönliche Eindrücke oder Wertungen** werden **vermieden**. Es kommt in der Regel **keine wörtliche Rede** vor.

→ **deutsch.punkt 2 (Buch)** Kapitel 2, Seite 35

Merke 36

Aufbau eines Berichts

In einem Bericht helfen **W-Fragen** die Informationen zu ordnen.

Einleitung	Hauptteil	Schluss
• **Wer** war beteiligt? • **Wann** ist es passiert? • **Wo** ist es passiert?	• **Warum und wie** ist es passiert?	• **Welche Folgen** hatte das Ereignis?

Mithilfe von Adverbialbestimmungen lassen sich viele der W-Fragen beantworten!

→ **deutsch.punkt 2 (Buch)** Kapitel 2, Seite 33

Merke 37

Regieanweisungen

Regieanweisungen weisen darauf hin, wie die Figuren sprechen (Sprechweise) und handeln. Sie geben auch Anleitungen zur Bühnentechnik (z. B. Licht, Vorhang, …), zum Bühnenaufbau, zu Kostümen und zu den Requisiten[1]. Sie sind entweder kursiv gedruckt oder stehen in Klammern. Regieanweisungen werden **nicht mitgesprochen**.

Gesprochene/Nicht gesprochene Sprache

Neben der **gesprochenen Sprache** verwenden wir, um uns zu verständigen, auch eine **nicht gesprochene Sprache**.
Bewegungen des Körpers, der Arme und der Hände, die etwas ausdrücken, nennt man **Gestik**.
Gesichtausdrücke und Gesichtsbewegungen nennt man **Mimik**.

1 Gegenstände, die beim Spielen auf der Bühne sind oder von den Figuren verwendet werden

→ **deutsch.punkt 2 (Buch)** Kapitel 3, Seite 49 und 50

Merke 38

Modalverben in Wünschen und Forderungen verwenden

Modalverben sind *können, dürfen, mögen, müssen, sollen* und *wollen*.
Sie verändern die Aussage eines Satzes, z. B. zu einer Erlaubnis oder Anordnung. Meist werden sie zusammen mit anderen Verben, die dann im Infinitiv (Grundform) stehen, verwendet.

- Ich möchte (nicht), dass …
- Wir sollten demnächst …
- Du könntest versuchen …, damit …
- Wir müssen uns Mühe geben, …
- Ich glaube, dass …
- Ich will mich anstrengen, nicht immer …
- Es dürfte weniger Streit geben, wenn …
- Ich wünsche mir, dass …

→ **deutsch.punkt 2 (Buch)** Kapitel 3, Seite 55

Merke 39

Ich-Botschaften formulieren

Bei einem Konflikt kann man mit einer **Ich-Botschaft** oftmals einen Streit vermeiden. Ich-Botschaften drücken aus, was jemand empfindet. Damit wird um das Verständnis des anderen gebeten.

Eine Ich-Botschaft besteht aus vier Bausteinen:

Anlass	**Gefühl**	**Begründung**	**Erwartung/Wunsch**
Wenn ich (sehe, höre, …)	*bin ich (wütend, verletzt, traurig, …)*	*weil …*	*Ich hätte gern, … Ich wünsche mir, …*

Du-Botschaften können dem anderen die Schuld zuweisen und als Angriff verstanden werden. Verletzende Worte können einen Konflikt noch verstärken.

→ **deutsch.punkt 2 (Buch)** Kapitel 3, Seite 56

Merke 40

Argumente formulieren

Wenn man jemanden von etwas überzeugen will, muss man seine **Meinung begründen**, also **Argumente** formulieren, die durch **Beispiele oder Erläuterungen** gestützt werden.

Meinung	**Argument**	**Beispiel/Erläuterung**
Ein Handy ist für mich wichtig,	*weil ich dann erreichbar bin,*	*so muss sich keiner Sorgen machen.*

Um ein Argument zu formulieren, verwendet man oft **Satzgefüge**. Dabei steht die Meinung im Hauptsatz (HS) und das Argument im Nebensatz (NS), der mit einer Konjunktion eingeleitet wird, z. B. mit *weil, da, denn, sodass, …*

→ **deutsch.punkt 1 (Buch)** Kapitel 3, Seite 59

Merke 41

Fabeln

In Fabeln steht jede Tierart meist für eine **bestimmte menschliche Eigenschaft**, z. B. *Stärke*, *Habgier* oder *Eitelkeit*. Häufig treten in Fabeln **Tiere mit gegensätzlichen Eigenschaften** auf, z. B. *klug und dumm*, *jung und alt*, *schnell und langsam*.

Die Lehre von Fabeln

Aus einer Fabel sollen **Menschen** etwas für ihr **eigenes Verhalten lernen**, indem sie eine **Lehre** aus dem **Handeln der Tiere** ziehen. Häufig wird diese Lehre am Ende der Fabel direkt genannt und steht im Präsens. Diesen Lehrsatz nennt man auch **Moral**. Manchmal jedoch fehlt sie und der Leser muss sich diese selbst denken.

→ **deutsch.punkt 2 (Buch)** Kapitel 4, Seite 70 und 73

Merke 42

Aufbau einer Fabel

Ausgangssituation	Handlungsverlauf	Schlusssituation
Spieler und Gegenspieler treten auf	**Aktion** die Handlung und wörtliche Rede eines Tieres beginnen **Reaktion** die Gegenhandlung und die Gegenrede eines anderen Tieres folgen **Lösung/Wendepunkt** eine plötzliche Veränderung bringt die Fabel zu einem Ende	**Ergebnis** die Lehre/Moral wird genannt

→ **deutsch.punkt 2 (Buch)** Kapitel 4, Seite 74 und 75

Merke 43

Die wörtliche Rede

Die **wörtliche Rede** verleiht einer Geschichte **Lebendigkeit**. Sie wird mit **Anführungszeichen** gekennzeichnet. **Redebegleitsätze** weisen auf die wörtliche Rede hin. Sie können vor, nach oder inmitten der wörtlichen Rede stehen.

Ein Doppelpunkt wird gesetzt, wenn der Redebegleitsatz **vor** der wörtlichen Rede steht.
Der Esel flehte den Wolf an: „Habe Mitleid mit mir, ich bin nur ein armes, krankes Tier."

Der **nachgestellte** Redebegleitsatz wird durch ein Komma von der wörtlichen Rede getrennt. Dann entfällt der Schlusspunkt in der wörtlichen Rede, jedoch bleiben Ausrufezeichen und Fragezeichen erhalten.
„Habe Mitleid mit mir, ich bin nur ein armes, krankes Tier", flehte der Esel den Wolf an.

Ebenso wird der **eingeschobene** Redebegleitsatz, der **innerhalb** der wörtlichen Rede steht, durch Kommas getrennt.
„Habe Mitleid mit mir", flehte der Esel den Wolf an, „ich bin nur ein armes, krankes Tier."

→ **deutsch.punkt 2 (Buch)** Kapitel 4, Seite 76

Merke 44

Informationen sammeln (Portfolio)

In einem **Portfolio** wird alles gesammelt, was für das Thema wichtig ist.
Dazu gehören:
- Merkwissen
- Aufgaben, die im Unterricht erarbeitet wurden
- eigene Materialien und Untersuchungsergebnisse

Die Vorteile des Portfolios sind, dass man selbst entscheidet, welche Reihenfolge und welche Gestaltung man wählt.

Informationen darstellen

Informationen können in einem durchgängig geschriebenen Text enthalten sein. Sie können aber auch in **Tabellen**, **Schaubildern** oder **Diagrammen** enthalten sein. Diagramme veranschaulichen Informationen aus einem Text oder geben zusätzliche Informationen. Sie haben meist die Form von **Säulen**, **Balken** oder **Kreisen**.

→ **deutsch.punkt 2 (Buch)** Kapitel 5, Seite 88 und 90

Merke 45

Handlungsstränge in TV-Serien

In Serienfolgen laufen häufig mehrere Handlungen nebeneinander.
Man spricht von **Handlungssträngen**.
Die meisten Handlungsstränge verbinden sich im Laufe der Serie oder Folge miteinander, z. B. weil die Personen am gleichen Ort zusammentreffen.

→ **deutsch.punkt 2 (Buch)** Kapitel 5, Seite 93

Merke 46

Infotainment

Der Begriff wird aus den Wörtern **Information** und **Entertainment** (englisch für Unterhaltung) gebildet. **Infotainment** bezeichnet Sendungen, in denen die Zuschauer **informiert** und **zugleich unterhalten** werden.

→ **deutsch.punkt 2 (Buch)** Kapitel 5, Seite 95

Merke 47

Kameraeinstellungen untersuchen

Die **Einstellungsgröße** bezeichnet den von der Kamera gewählten Ausschnitt des gefilmten Menschen oder Gegenstandes.

Totale **Überblick über den gesamten Handlungsort**, der eine erste Orientierung vermittelt.

Halbtotale Der Darsteller oder der Gegenstand ist **vollständig** zu sehen und wird in der unmittelbaren Umgebung gezeigt.

Halbnah Der Darsteller wird vom **Kopf bis zur Mitte des Oberkörpers** gezeigt. Dies entspricht einer natürlichen Sehsituation und vermittelt Nähe.

Nah Der Darsteller wird **vom Kopf bis zur Schulter** gezeigt. Die Einstellung wird für Dialoge verwendet und lässt die Mimik gut erkennen.

Groß Der Darsteller wird mit einer Aufnahme des **Kopfes** gezeigt. Dies hebt Reaktionen und Emotionen besonders hervor.

Detail **Nur ein kleiner Ausschnitt des Gesamtbildes** wird gezeigt, auf den besonders aufmerksam gemacht werden soll.

→ **deutsch.punkt 2 (Buch)** Kapitel 5, Seite 96

Merke 48

Kameraperspektive untersuchen

Welche Wirkung Filmbilder auf uns haben, hängt stark von der **Kameraführung** ab. Wichtig ist dabei die **Kameraperspektive**. Sie bestimmt, in welcher Höhe die Kamera zum Motiv positioniert wird. Unterschieden werden:

Normalsicht
Die Kamera beobachtet aus Augenhöhe.
↓
vermittelt eine natürliche Wahrnehmung

Untersicht
Die Kamera blickt von unten („Froschperspektive").
↓
lässt Filmfiguren groß und bedrohlich wirken

Aufsicht
Die Kamera blickt von oben („Vogelperspektive").
↓
betont die Unterlegenheit einer Figur

→ **deutsch.punkt 2 (Buch)** Kapitel 5, Seite 97

Strophen, Verse und Reime

Eine Zeile eines Gedichts nennt man **Vers**. Ein Textabschnitt in einem Gedicht heißt **Strophe**.

Wenn Wörter am Ende eines Verses gleich oder ähnlich klingen, spricht man von einem **Reim**. Man unterscheidet verschiedene **Reimformen**.

Paarreim:		**Kreuzreim**:		**Umarmender Reim**:	
Zwei aufeinanderfolgende Verse reimen sich.		Der erste Vers reimt sich auf den dritten und der zweite auf den vierten.		Der erste Vers reimt sich auf den vierten und der zweite auf den dritten.	
… *bestreiten*	a	… *sah*	a	… *Hut*	a
… *Jahreszeiten*	a	… *kaum*	b	… *Himmelsseide*	b
… *Säbel*	b	… *nah*	a	… *Getreide*	b
… *Nebel*	b	… *Baum*	b	… *gut*	a

Das **Reimschema** wird mithilfe von kleinen Buchstaben (a, b, c, …) markiert.

→ **deutsch.punkt 2 (Buch)** Kapitel 6, Seite 109

Sprachliche Bilder

Ähnlich wie in Sprichwörtern und Redewendungen verwenden auch Dichter **sprachliche Bilder**. Sie stellen z. B. Naturerscheinungen bildhaft dar, verwenden dafür aber nicht wie ein Maler Pinsel und Farbe, sondern Sprache.

Der Leser kann sich dadurch besser vorstellen, was der Dichter darstellen möchte – in seinem Kopf entsteht eine Art Gemälde.
Sprachbilder sind **nicht wörtlich** zu verstehen, sondern müssen **gedeutet** werden.

Der Garten trauert.

Personifikation

Die **Personifikation** ist eine besondere Form des sprachlichen Bildes.
Dabei werden Gegenständen oder Naturerscheinungen menschliche Eigenschaften oder Handlungen zugesprochen.
Die Bäume singen ihr Lied.

→ **deutsch.punkt 2 (Buch)** Kapitel 6, Seite 111 und 113

Vergleich

Wenn zwei Dinge oder Bereiche durch ein Vergleichswort *(wie)* verknüpft werden, so spricht man von einem **Vergleich**.
unhörbar wie eine Katze, stark wie ein Bär

Achtung: Nicht immer, wenn das Wort *wie* in einer Formulierung auftaucht, handelt es sich um einen Vergleich!

Metapher

Ein weiteres sprachliches Bild ist die **Metapher**.
Metaphern übertragen die Eigenschaften eines Gegenstandes auf einen anderen, um diesen näher zu beschreiben.
Wolkenpferde – Wolken werden als Pferde dargestellt.
Des Mondes Silber – Der Mond scheint wie Silber.

→ **deutsch.punkt 2 (Buch)** Kapitel 6, Seite 114 und 115

Versmaß und Metrum

Verse bestehen aus einer rhythmischen Abfolge betonter und unbetonter Silben. Dies bezeichnet man als **Versmaß** oder **Metrum**.

Betonte Silben kennzeichnet man durch einen Strich, unbetonte durch einen Punkt über der jeweiligen Silbe.

Regen (´ ·)

Das Metrum kann man durch lautes Sprechen oder Klatschen ermitteln.

→ **deutsch.punkt 2 (Buch)** Kapitel 6, Seite 117

Merke 53

Konsonantenverdoppelung

Wenn in einem Wort nach kurz betontem Vokal der Konsonant verdoppelt wird, kann man diesen hörbar machen, indem man die Silben deutlich spricht.
Himmel, rennen, fallen

Statt *kk* schreibt man *ck (Flecken)*, statt *zz* schreibt man *tz (Katze)*.

Die Ausnahme bilden einige Fremdwörter.
Pizza, Skizzen

→ **deutsch.punkt 2 (Buch)** Kapitel 7, Seite 129

Merke 54

Stimmhaftes oder stimmloses s?

Wenn der Kehlkopf beim Sprechen des s-Lautes vibriert, nennt man den Laut stimmhaft, bleibt der Kehlkopf ruhig, nennt man den Laut stimmlos.

Einen **stimmhaften s-Laut** schreibt man immer mit einem einfachen **s**: *reisen*

Einen **stimmlosen s-Laut** schreibt man mit **ss**, wenn eine Konsonantenverdoppelung nach einem kurzen betonten Vokal vorliegt: *Wasser*
oder mit **ß**, wenn der betonte Vokal lang gesprochen wird: *Straße*

→ **deutsch.punkt 2 (Buch)** Kapitel 7, Seite 131

Merke 55

Wortfamilien

Wörter mit einem gleichen **Grundbaustein** bilden eine **Wortfamilie**.
Diese Grundbausteine werden auch **Wortstamm** genannt: *fahr*
Zur **Wortfamilie** des Wortstammes *fahr* gehören: ***fahren, fährt, Fähre, befahren, …***

→ **deutsch.punkt 2 (Buch)** Kapitel 7, Seite 132

Merke 56

Verlängern

Verschiedene Wortarten können **unterschiedlich verlängert** werden:
- bei **Nomen** wird der Plural gebildet: *Ra▯ – Räder, Tro▯ – Trolle*
- **Adjektive** werden gesteigert: *dü▯ – dünner, fro▯ – froher*
- **Verben** werden in die 1. Person Plural gesetzt: *ich ka▯ – wir können*

Verlängern bei Doppelkonsonanten

Durch das Silbenschwingen kann man die Doppelkonsonanten hörbar machen. Doch einige Wörter muss man vorher verlängern:
er schwimmt → wir schwimmen

Verlängern bei s-Lauten

Steht der stimmlose s-Laut am Ende eines Wortes, muss man das Wort verlängern, um zu entscheiden, wie es geschrieben wird:
Gras → Gräser, Kuss → Küsse, heiß → heißer

→ **deutsch.punkt 2 (Buch)** Kapitel 7, Seite 132

Merke 57

Ableiten

Ein Wort wird meistens mit *ä* oder *äu* geschrieben, wenn es zu einem Wort in einer Familie gehört, das mit *a* oder *au* geschrieben wird. Dies kann man durch das Ableiten erkennen.
blättern → Blatt, Bäume → Baum

Kann man es nicht ableiten, wird es meist mit *eu* oder *e* geschrieben.
Feuer, leuchten

Ausnahmen sind: *Lärm, Dämmerung, …*

→ **deutsch.punkt 2 (Buch)** Kapitel 7, Seite 133

Merke 58

Wortbausteine

Einem **Wortstamm** können **Bausteine vorangestellt (Präfixe)** oder **nachgestellt (Suffixe)** sein. Präfixe können die Bedeutung der Wörter verändern, Suffixe können grammatische Eigenschaften anzeigen, z. B. die Wortart oder das Geschlecht (Genus).

	Präfix	**Wortstamm**	**Suffix**
erwartet	*er*	*wart*	*et*
Ausbildung	*Aus*	*bild*	*ung*
verhüllt	*ver*	*hüll*	*t*

→ **deutsch.punkt 2 (Buch)** Kapitel 7, Seite 134

Merke 59

Zusammengesetzte Wörter

Wörter können durch die Zusammensetzung zweier Wörter entstehen. Ein zusammengesetztes Wort nennt man **Kompositum** (Plural: Komposita). Es besteht immer aus einem **Bestimmungswort** (B) und einem **Grundwort** (G).
Kunstgewerbe = Kunst (B) + *Gewerbe* (G)

Als Bestimmungswörter können auch Verben und Adjektive verwendet werden.
Malbuch = malen (B) + *Buch* (G)   *Weitsprung = weit* (B) + *Sprung* (G)

Um die Schreibweise eines Kompositums herauszufinden, ermittelt man die Teilwörter, z. B. mit der Strategie Verlängern.
Metallbild: Metall → Metalle (doppeltes *l* wird hörbar); *Bild → Bilder* (*d* wird hörbar)

→ **deutsch.punkt 2 (Buch)** Kapitel 7, Seite 135

Merke 60

Dehnungszeichen

Oft werden lang gesprochene betonte Vokale durch ein **Dehnungszeichen** gekennzeichnet. Folgende Dehnungszeichen gibt es:

- Ein unhörbares **Dehnungs-h** steht vor *l, m, n* und *r*: *mehr, fühlen*
- Bei manchen Wörtern wird der **Vokal verdoppelt**: *Moos, leer*
- Das **lange i** wird im Deutschen meist mit **ie** geschrieben: *sieben, viele*
- In seltenen Fällen kommt als **langes i** ein **ieh** vor: *Vieh, sieht*

→ **deutsch.punkt 2 (Buch)** Kapitel 7, Seite 136

Merke 61

Merkwörter

Es gibt Laute, die sich gleich anhören, aber unterschiedlich geschrieben werden. Eine Regel gibt es dafür nicht, man muss sich die Schreibweise merken, z. B.

f-Laut:	f	Fisch	**x-Laut:**	ks	Keks
	v	Vater		x	Hexe
	ph	Physik		chs	Achse
				cks	Klecks
				gs	unterwegs

→ **deutsch.punkt 2 (Buch)** Kapitel 7, Seite 137

Merke 62

Nomen/Nomensignale

Eigennamen und **Nomen** werden großgeschrieben.
Nomen bezeichnen Menschen, Tiere, Pflanzen, Gegenstände und abstrakte Begriffe, z. B. Wahrnehmungen und Gefühle. Man erkennt sie an den **Nomensignalen**.

vor einem Nomen

- **Artikel**: ***der*** *Luftdruck*, ***ein*** *Luftballon*
- **Adjektive**, die in Genus/Numerus/Kasus an das Nomen angepasst sind: ***stabiles*** *Klebeband*
- **Verschmelzung** von Artikel und einem anderen Wort: ***beim*** *Glas* = ***bei dem*** *Glas*
- **Zahlwörter**: ***zwei*** *Stück*, ***zehn*** *Zentimeter*

am Ende eines Nomens

Viele Nomen kann man an ihren Endungen (**Suffixen**) erkennen.
-keit, -er, -nis, -ung, -sal, -heit, -chen, -lein, -schaft, -tum

→ **deutsch.punkt 2 (Buch)** Kapitel 7, Seite 138

Merke 63

Nominalisierung

Viele Wörter verschiedener Wortarten können durch das Hinzufügen von **Nomensignalen** zu einem Nomen werden. Man nennt dies **Nominalisierung**, z. B.:
lachen (Verb) → ***ihr*** *Lachen* (Nomen)
schön (Adjektiv) → ***das*** *Schöne* (Nomen)

→ **deutsch.punkt 2 (Buch)** Kapitel 7, Seite 139

Merke 64

Satzglieder ermitteln: Umstellprobe

Sätze bestehen aus einzelnen **Satzgliedern**. Ein Satzglied kann aus **einem Wort** oder **einer Wortgruppe** bestehen und lässt sich innerhalb eines Satzes verschieben. Satzglieder und ihre Anzahl können mithilfe der **Umstellprobe** ermittelt werden.

Linda wohnt am Rand einer kleinen Stadt.
Am Rand einer kleinen Stadt wohnt Linda.

Achtung: Der Satz darf durch das Umstellen nicht sinnlos werden oder seinen Inhalt verändern.

Weglassprobe

Manchmal werden in einem Satz nicht alle Satzglieder benötigt. Mithilfe der **Weglassprobe** kann man feststellen, welche Satzglieder für einen grammatisch richtigen Satz unbedingt benötigt werden und welche man weglassen kann:

Aylin und Linda jubeln ~~bei ihrer Entdeckung~~.

→ **deutsch.punkt 2 (Buch)** Kapitel 8, Seite 145 und 149

Merke 65

Das Satzglied Subjekt

Das Satzglied, welches auf die Frage ***„Wer oder was?“*** Auskunft gibt, wird **Subjekt** genannt. Zum Subjekt gehören alle Wörter, die in der Umstellprobe zusammenbleiben.

Mein Bruder Sandro hat eine Idee.
Subjektfrage: ***Wer oder was** hat eine Idee?* Antwort: ***Mein Bruder Sandro.***

→ **deutsch.punkt 2 (Buch)** Kapitel 8, Seite 146

Merke 66

Das Satzglied Prädikat

Das Satzglied, welches angibt, **was geschieht oder was jemand tut**, wird **Prädikat** genannt. Es kann aus einem oder mehreren **Verben** bestehen.

*Linda **findet** noch einen Zettel.*
*Sandro **kann** den Text **entschlüsseln.***

Achtung: Das Prädikat (oder ein Prädikatteil) steht in einem Aussagesatz immer an zweiter Stelle und kann nicht verschoben werden.

→ **deutsch.punkt 2 (Buch)** Kapitel 8, Seite 147

Merke 67

Das Satzglied Objekt

Objekte sind Satzglieder, die einen einfachen Satz durch Informationen ergänzen und häufig erst verständlich machen. Objekte können aus Nomen und/oder Pronomen bestehen.
Sie gibt ihr den Brief.

Am häufigsten kommt das **Akkusativobjekt** vor. Es wird mit der Frage ***Wen oder was?*** in Verbindung mit dem Prädikat ermittelt.
*Linda sucht den Weg. – **Wen oder was** sucht Linda? – Den Weg.*
*Linda besucht sie. – **Wen oder was** besucht Linda? – Sie.*

Ein weiteres Objekt ist das **Dativobjekt**. Es wird mit der Frage ***Wem?*** in Verbindung mit dem Prädikat ermittelt.
*Sie erzählt Aylin alles. – **Wem** erzählt sie alles? – Aylin.*
*Sie erzählt ihr alles. – **Wem** erzählt sie alles? – Ihr.*

→ **deutsch.punkt 2 (Buch)** Kapitel 8, Seite 149

Merke 68

Das Satzglied Adverbialbestimmung

Adverbialbestimmungen sind Satzglieder, die die Umstände eines Geschehens genauer beschreiben.
*Sie ging **morgens** zur Schule. – Sie ging **um 7.30 Uhr** zur Schule.*

Sie liefern wichtige Informationen über:
- die **räumlichen** Umstände eines Geschehens: *Wo? Wohin? Woher? Wo entlang?*
- die **zeitlichen** Umstände eines Geschehens: *Wann? Wie lange? Seit wann? Bis wann?*
- die **Gründe** eines Geschehens: *Warum? Wieso? Wozu?*
- die **Art und Weise** eines Geschehens: *Wie? Wobei? Womit? Wie viel?*

Adverbialbestimmungen werden häufig mit **Präpositionen** (Verhältniswörtern) eingeleitet.

Präpositionen

• **des Ortes**	• **der Zeit**	• **des Grundes**	• **der Art und Weise**
in, hinter, über, unter, von, durch, …	*vor, nach, während, um, seit, bis, für, …*	*wegen, durch, aufgrund, dank, trotz, …*	*mit, durch, bei, unter, um, …*

→ **deutsch.punkt 2 (Buch)** Kapitel 8, Seite 151

Merke 69

Zeitformen des Verbs I: Das Plusquamperfekt

Das **Plusquamperfekt** (Vorvergangenheit) wird verwendet, wenn man von einem Geschehen berichtet, das noch vor dem geschehen ist, was im Präteritum (Vergangenheit) ausgedrückt wird.
*Nachdem sie einige Bretter **gefunden hatten**, errichteten sie das Baumhaus.*
Das Plusquamperfekt wird mit den Hilfsverben ***haben*** und ***sein*** im Präteritum und dem **Partizip II** gebildet.
ich hatte gespielt, du hattest gespielt, er/sie/es hatte gespielt, … sie hatten gespielt
ich war gelaufen, du warst gelaufen, er/sie/es war gelaufen, … sie waren gelaufen

→ **deutsch.punkt 2 (Buch)** Kapitel 8, Seite 153

Merke 70

Zeitformen des Verbs II: Das Perfekt

Das **Perfekt** (Vorgegenwart) wird verwendet, um von etwas Vergangenem zu erzählen, das noch in die Gegenwart hineinreicht.
*Da **ist** uns der alte Baum an der Wiese **eingefallen**.*
Das Perfekt wird häufig im mündlichen Sprachgebrauch als Vergangenheitsform verwendet. Es wird mit den Hilfsverben ***haben*** und ***sein*** im Präsens und dem **Partizip II** gebildet.
ich habe gespielt, du hast gespielt, er/sie/es hat gespielt, … sie haben gespielt
ich bin gelaufen, du bist gelaufen, er/sie/es ist gelaufen, … sie sind gelaufen

Das Partizip II besteht aus einer Vorsilbe, dem Verbstamm und einer Endung.
ge-setz-t, ge-lauf-en, ver-steck-t
Starke Verben ändern im Partizip II ihren Stamm. *brennen – gebrannt.*

→ **deutsch.punkt 2 (Buch)** Kapitel 8, Seite 153

Merke 71

Hauptsatz und Nebensatz

Ein **Hauptsatz** ist ein vollständiger Satz, der allein stehen kann. Er ist selbstständig.
Der **Nebensatz** kann nicht allein stehen, er ist dem Hauptsatz untergeordnet und ergänzt diesen. Beim Nebensatz steht das **Prädikat am Ende** des Satzes. Zwischen Hauptsatz und *Nebensatz* wird immer ein **Komma** gesetzt.

Den Förster stört das Baumhaus, weil der Baum gefährdet ist.

→ **deutsch.punkt 2 (Buch)** Kapitel 8, Seite 154

Merke 72

Satzgefüge und Satzreihen

Eine Verbindung von **Hauptsatz** und **Nebensatz** nennt man **Satzgefüge**.
Der Nebensatz kann vorangestellt oder nachgestellt sein.
Weil es gefährlich ist, muss man beim Bauen aufpassen.
Man muss beim Bauen aufpassen, weil es gefährlich ist.

Eine Verbindung von **zwei Hauptsätzen**, die jeweils allein stehen können, nennt man **Satzreihe**.
Das Bauen ist gefährlich, aber wir haben aufgepasst.

In beiden Fällen sind die Sätze häufig durch **Konjunktionen** (Verbindungswörter) verknüpft.
Bei Satzgefügen: *weil, da, damit, dass, sodass, obwohl, wenn, nachdem, indem, …*
Bei Satzreihen: *und, oder, aber, sondern, …*

→ **deutsch.punkt 2 (Buch)** Kapitel 8, Seite 155